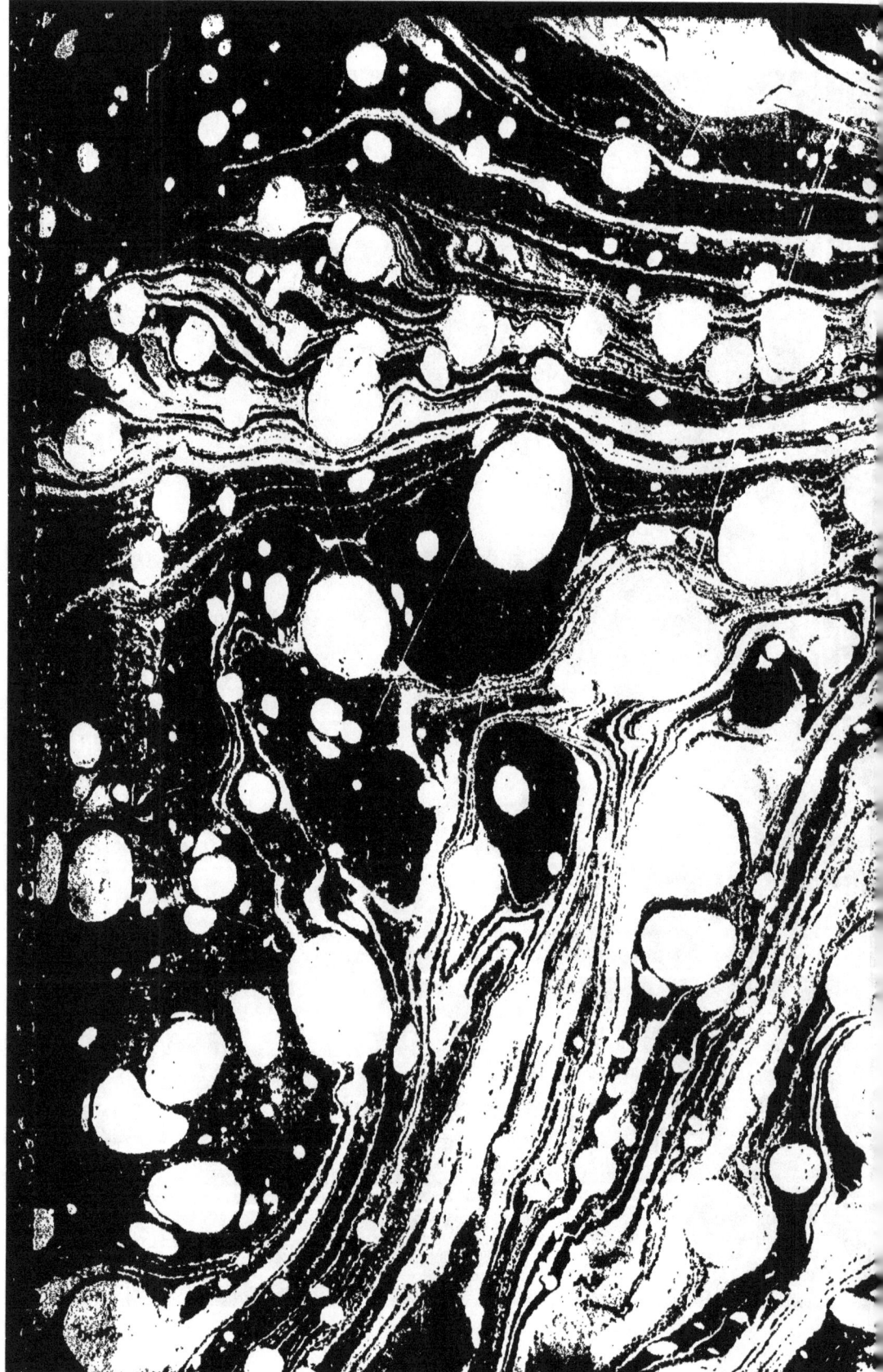

VI.
495

n. 574.
acquis.

n° 4574.

CATALOGUE
RAISONNÉ
DE TOUTES LES ESTAMPES
QUI FORMENT L'OEUVRE
DE
LUCAS DE LEYDE.

PAR

ADAM BARTSCH,

GARDE DE LA BIBLIOTHÈQUE IMP. ET ROY. ET
MEMBRE DE L'ACADEMIE I. ET R. DES BEAUX-ARTS
DE VIENNE.

A VIENNE,
Chez J. V. Degen Libraire.
De l'Imprimerie d'Alberti. 1798.

AVANT-PROPOS.

Lucas de Leyde tient dans l'histoire de la gravure le même rang parmi les Hollandois, qu'occupe Marc-Antoine Raimondi parmi les Italiens, Albert Durer parmi les Allemands.

Ces trois artistes vécurent dans le même tems, c'est-à-dire, lorsque la gravure commençoit à sortir de son enfance; tous les trois, quoique privés de l'occasion, de se former sur des modèles instructifs, éleverent les premiers, et par leur propre génie, l'art de la gravure qui jusques là n'avoit été traité que d'une manière mesquine, à un dégré de perfection qui leur a fait gagner l'admiration générale; tous les trois enfin donnerent au public un grand nombre d'Estampes, dont l'exécution spirituelle et variée, comparée avec la froide monotonie des ouvrages de presque tous les maîtres qui les ont précédés, fait le contraste le plus frappant.

On a déja publié quelques listes plus ou moins détaillées des gravures de Marc-Antoine et d'Albert Durer; nous présentons ici le catalogue de celles de Lucas de Leyde.

L'oeuvre de ce fameux maître, qui se trouve dans la collection d'estampes de la bibliothèque impériale, a servi de base et de guide à notre travail, et nous ne pouvions certainement pas en choisir de meilleurs, ce recueil étant si complet, et toutes les épreuves qui le composent, d'une netteté et d'une conservation si parfaites, qu'il ne laisse rien à désirer.

L'expérience nous ayant appris, combien il est utile et agréable aux amateurs, de trouver dans la description des estampes tout ce qu'elles offrent aux yeux, nous nous sommes appliqués avec un soin particulier, à détailler aussi exactement, que possible, celles de Lucas, et nous croyons pouvoir nous promettre la récompense de notre peine, qui à cet égard n'a pas été médiocre, dans la reconnoissance de tous ceux que l'envie de s'instruire, ou bien le simple désir de s'amuser porteront à recourir à notre ouvrage.

Ce catalogue est arrangé par ordre de matières, et divisé en trois sections. La première contient les sujets de l'ancien testament, la seconde ceux du nouveau testament, la troisième enfin les sujets profanes; et dans l'intention de donner aux curieux un fil, pour suivre les progrès successifs que Lucas a fait dans son art, nous avons ajouté à la fin une table des articles du catalogue rangés par ordre chronologique, c'est-à-dire d'après les dates. Le grand nombre de pièces cependant, qui en sont dépourvues, auroit mis obstacle à notre projet, si nous n'avions cru, qu'en examinant celles-ci avec soin, et qu'en les comparant pour le goût du dessein et pour la manière du burin avec les estampes où la date est inscrite, nous parviendrions à déterminer, si non avec certitude, du moins avec beaucoup de vraisemblance, l'époque où chacune d'elles peut être rapportée. C'est ce que nous avons fait, et si malgré notre scrupuleuse exactitude nous nous étions trompés d'un an ou deux, l'erreur seroit toujours de peu de conséquence; les articles des pièces dont on a suppléé ainsi la date, sont marqués par un astérisque.

Nous n'avons pas jugé nécessaire de faire mention des copies des estampes de Lucas, qui sont gravées en contrepartie des originaux, attendu qu'elles ne peuvent pas induire en erreur; mais quant à celles qui sont gravées dans le même sens que les originaux, et par les quelles des curieux moins exercés pourroient être trompés, nous avons eu soin, pour autant que nous en avions connoissance, d'indiquer et leur existence et les moyens de les distinguer.

Pour ce qui regarde les gravures en bois qui portent le nom de Lucas, comme d'abord il n'y a aucune preuve qu'il ait jamais gravé en bois lui-même, et que d'ailleurs en général la question, si de pareilles gravures ont effectivement été faites par les anciens peintres et graveurs célébrés, auxquels elles sont attribuées, et dont elles portent les monogrammes ou les noms, est déja presque universellement décidée par la négative, il est plus que probable, que les morceaux de ce genre, marqués de son chiffre, ont été exécutés par d'autres artistes d'après ses desseins, et en rentrant ainsi dans la classe des estampes faites par différens graveurs d'après ses ouvrages, ils ne pouvoient pas plus que celles-ci prendre place dans un catalogue, qui ne devoit contenir que les pièces gravées de la propre main de Lucas.

Nous prevenons nos lecteurs, que par la *droite* ou la *gauche de l'estampe* nous entendons toujours la partie qui correspond au côté droit ou gauche de celui qui la regarde.

Le pied de Roi a servi pour indiquer les mesures.

VIE DE LUCAS DE LEYDE.

Lucas de Leyde naquit en Hollande en 1494, dans la ville dont on lui a donné le surnom. Parmi les artistes de son pays aucun n'a montré dès l'enfance des dispositions plus heureuses que lui. Elles furent d'abord cultivées par son père Hugues Jacobsz, peintre médiocre; mais après qu'il eut acquis les premiers principes de l'art, il passa dans l'école de Corneille Engelbrechtsen qui jouissoit de quelque renommée, et il ne tarda pas à faire des progrès étonnans.

Ses talens se développerent de très bonne heure, car à peine eut il atteint l'âge de neuf ans, qu'il entreprit déja de graver. Dès sa plus tendre jeunesse il se livra sans bornes et sans mesure à l'étude et au travail; il y passoit les jours et les nuits, et tous les soins de sa mère pour l'en détourner, ou pour en modérer du moins l'ardeur, furent employés en vain. Il ne trouvoit ni plaisir ni intérêt à ce qui n'avoit point de rapport à l'art, et il ne vouloit pour camarades et compagnons que les jeunes gens qui avoient les mêmes goûts et la même inclination que lui. Cette application et cette assiduité ne se sont jamais ralenties pendant toute sa vie, dont le cours de peu de durée n'offre d'ailleurs rien de remarquable.

Toujours animé du désir d'étendre ses connoissances, il conçut et exécuta le dessein d'aller voir les peintres des pays bas. Il étoit alors âgé de 33 ans. Mais ce voyage ne lui fut pas heureux: il en revint malade et avec le soupçon d'avoir été empoisonné. Frappé de cette idée dont il ne pouvoit ni vaincre, ni affoiblir l'impression, il n'eut jamais depuis un moment de santé, et pendant les six dernières années de sa vie, il ne quitta presque plus son lit. L'opinion commune cependant n'attribue ses infirmités qu'à la délicatesse de son tempérament, et au grand épuisement, qu'une application sans relâche a dû lui causer. Sentant que sa dernière heure approchoit, il voulut jouir encore de l'aspect du ciel, et se fit transporter à l'air. Deux jours après il mourut en 1533, âgé de 39 ans.

Lucas se maria fort jeune à une demoiselle noble de la maison de Boshuysen, de qui il n'eut qu'une fille, laquelle étant mariée accoucha d'un fils neuf jours avant qu'il mourut. Ayant demandé le nom de l'enfant, il parut affecté d'apprendre qu'on lui eut donné le sien, disant, qu'on témoignoit le désir d'être débarrassé de lui, puisqu'on lui avoit substitué un autre Lucas. Ce petit fils, Lucas Damessen, qui devint, ainsi que son frère Jean de Hooy, employé à la cour de France, assez bon peintre, est mort à Utrecht en 1604, âgé de 71 ans.

Notre Lucas aimoit la dépense en général, et surtout celle des habits et de la table. Pour son voyage des pays bas il fit équipper un navire à ses frais. A Middelbourg il donna une fête à Jean de Mabase, le meilleur peintre de ce tems, et aux autres peintres de cette ville: il en fit autant à Gand, à Malines et à Anvers, et chaque repas lui coutoit soixante florins. Carel van Manper rapporte, que dans cette course Lucas, ainsi que Mabuse qui l'accompagna partout, firent une très belle figure: Mabuse habillé en drap d'or, et Lucas d'un camelot de soye jeaune qui avoit le même éclat.

Mais ce penchant pour le faste et la grande chere qui s'accorde rarement avec l'assiduité au travail, ne prenoit rien sur celle de Lucas: et la preuve en est dans le nombre prodigieux de tableaux en tout genre, qu'il a peints tant sur verre qu'en détrempe et à l'huile, et dont ses biographes nous ont laissé la description. On peut même dire avec vérité, qu'il a travaillé jusqu'au dernier moment de sa vie; car dans la longue maladie dont il mourut, il avoit trouvé le moyen de graver et de peindre dans un lit. La planche qui représente une Pallas, est la dernière qu'il fit, et l'on rapporte qu'il y travailla encore quelques heures avant sa mort.

Les ouvrages de Lucas approchent beaucoup de la manière d'Albert Durer. Aussi regnoit-il entre ces deux artistes une noble rivalité, parfaitement exemte de tout sentiment d'envie. Ils ont souvent traité les mêmes sujets, et se sont admirés l'un l'autre. Albert vint voir son émule à Leyde, où ils se peignirent sur un même panneau, en signe de leur amitié et de leur estime mutuelle.

L'on ne sauroit assez admirer la fécondité du génie de Lucas dans la variété des caractères et des habillemens qu'il introduisit dans ses compositions. Les Italiens lui ont rendu justice là dessus, et le Guide ne désavouoit pas qu'il avoit souvent étudié pour cet effet les ouvrages de Lucas, et qu'il en avoit tiré de grands secours. Aussi Vasari n'hésite point à le mettre au rang de ceux qui ont excellé dans le maniement du burin. Il fait de plus l'éloge de la grande vérité, et de la belle composition des sujets d'histoire traités par lui; et tant en cela qu'en général dans la connoissance approfondie des regles de l'art, il le juge supérieur à Durer. Mais ce qu'il admire surtout dans les estampes de Lucas, c'est la judicieuse dégradation des touches, en raison de l'éloignement des objets, dont l'effet lui paroit égaler celui de la perspective aërienne que la peinture produit par le ton des couleurs; et il ajoute, qu'à cet égard beaucoup de peintres y ont puisé d'utiles leçons.

Les estampes de Lucas étoient de son vivant déja fort recherchées par les différens artistes qui s'en servoient pour leurs études. Suivant Carel van Mander chacune des grandes pièces, comme la danse de la Magdelaine, le grand Calvaire, l'Ecce-homo, l'adoration des

Rois, la conversion de S. Paul etc. a été payée dès ce tems là un florin d'or, ou vingt huit Stuber, ce qui étoit alors un prix très considérable. Vasari, en parlant de ces mêmes pièces, observe pareillement, qu'elles sont rares. Depuis leur prix augmenta toujours. Sandrart raconte, que l'artiste Jean Ulric Mayer lui a dit, d'avoir vu Rembrandt son maître payer, dans une vente publique, 1400 florins pour 14 belles épreuves des pièces les plus considérables de Lucas, et quoique l'*Esther* (Nro. 31) ne soit pas du nombre des pièces les plus rares, l'épreuve qu'on en a dans l'oeuvre de la Bibliothèque impériale, a été cependant payée à Paris en 1659 au prix de 215 livres, ainsi que nous l'apprend une note de la main propre de Pierre Mariette, marquée au dos de cette épreuve.

Ce qui a beaucoup contribué à produire cette rareté, c'est d'abord que les planches étant pour la plûpart gravées d'une taille délicate et fine, ne peuvent gueres avoir donné beaucoup d'épreuves, et puis de plus, que selon le rapport de van Mander, Lucas étoit dans l'habitude de brûler une grande quantité, savoir toutes celles où il y avoit la moindre tache, ou quelque autre défaut causé par l'impression.

On peut conclure de là, que les estampes de Lucas ne sont pas moins rares aujourd'hui. Et bienque le grand nombre de chef-d'oeuvres des graveurs modernes ait généralement ralenti l'empressement pour les produits des vieux maîtres, et que par cette raison le prix des pièces de Lucas de Leyde ne soit pas monté à un degré de hauteur proportionné à celui du siècle passé; néanmoins les estampes de notre artiste, surtout les belles épreuves, sont encore payées fort souvent à des prix excessifs par les curieux qui les recherchent avec avidité, et les conservent avec soin dans leurs collection, comme témoignages précieux du talent d'un des plus habiles maîtres du tems passé.

CATALOGUE
DE TOUTES LES PIÈCES QUI COMPOSENT
L'OEUVRE
DE
LUCAS DE LEYDE.

SUJETS
DU VIEUX TESTAMENT.

1—6. L'histoire de la création et de la chûte du premier homme, représentée en une suite de six pièces gravées en 1529.

Hauteur : 6 pouces. Largeur : 4 pouces, 3 lign.

1. *Eve créée pendant le sommeil d'Adam.*

Adam est couché par terre dormant, les jambes croisées, et la tête reposant sur le bras gauche appuyé sur une pierre, qui est à la droite. A gauche Dieu, sous la figure d'un vieillard, et un genou en terre, se baisse, pour saisir Eve qui sort des côtes d'Adam. Vers le haut, au milieu de l'estampe, est l'année 1529. et la lettre L à rebours.

SUJETS DU VIEUX TESTAMENT.

2. *Dieu défend à Adam et Eve, de toucher au fruit de l'arbre de vie.*

Dieu sous la figure d'un vieillard et debout, montre de la main droite l'arbre de vie placé à la gauche de l'estampe, et par le geste de l'autre main défend à Adam et Eve, qui sont aussi debout à sa gauche, et vers lesquels il a la tête tournée, d'en goûter le fruit. La lettre L à rebours, et l'année 1529 sont dans l'air entre la tête du créateur et l'arbre de vie.

3. *Eve séduite par le serpent, persuade à Adam de manger du fruit défendu.*

Placée vers la droite près de l'arbre de vie, elle leve la main gauche, pour recevoir une branche avec une pomme, de la bouche du serpent entortillé autour de l'arbre, et donne de la main droite une autre pomme à Adam qui la reçoit assis sur un butte de terre. En haut vers le milieu est marqué l'année 1529 et la lettre L à rebours.

4. *Adam et Eve chassés du Paradis par un Ange.*

Ils courent vers la droite, et regardent avec frayeur derriere eux vers l'Ange qu'on

voit à gauche dans les nues, avec un glaive flamboyant à la main. En haut, dans le coin à gauche, est l'année 1529, et la lettre L à rebours.

5. Caïn tuant son frere Abel.

Abel terrassé devant un autel, où l'on voit deux feux séparés, se défend contre Caïn du pied et du bras gauche. Caïn debout, le pied droit sur la poitrine d'Abel, fait effort, pour écarter de la main gauche le bras tendu de son frere, et pour l'assommer d'une machoire d'âne qu'il tient élevée de la main droite. En bas vers le milieu on voit sur un gros caillou l'année 1529, et la lettre L à rebours.

6. Adam et Eve pleurant la mort d'Abel.

Abel est étendu mort par terre. Adam debout à gauche, essuye ses larmes d'une peau de chevre, dont il est couvert. Eve aussi debout, placée derriere Abel, presqu'au milieu de l'estampe, est dans une attitude qui exprime la plus vive douleur. En haut vers le milieu est l'année 1529, et la lettre L à rebours.

7. Le péché d'Adam et d'Eve.

Adam et Eve sont assis aux deux côtés de l'arbre de vie, au haut duquel paroît le démon sous la figure d'un petit éléphant chimérique, avec un tête d'homme et une queue dont on voit le bout replié sur le devant du tronc. Eve tient une pomme de la main gauche, et de l'autre en présente une à Adam dont la main droite est tendue pour la recevoir. Vers le bas, dans le coin droit, est un tronc d'arbre avec une branche seche, à laquelle est suspendue la tablette avec le chiffre de Lucas. Cette estampe est une des premieres productions de Lucas; elle paroît avoir été gravée avant ou vers l'année 1508.

Hauteur: 4 pouces, 4 lignes. Largeur: 3 pouces, 3 lignes.

8. *Le péché d'Adam et d'Eve.*

Eve assise sur une grande branche courbée qui sort de la racine de l'arbre de vie, présente de la main gauche une pomme à Adam qui, placé debout derriere l'arbre, ne paroît qu'à moitié, et avec la tête penchée qui se présente entiere, étend la main droite pour recevoir ce fruit. On voit une seconde pomme dans sa main gauche élevée jusqu'à sa poitrine, et avancée au delà du tronc de l'arbre, ainsi que dans la droite d'Eve, qu'elle tient appuyée sur sa cuisse. Au dessus de la tête d'Eve est celle du serpent, avec une partie du corps, tenant aussi une pomme par la

tige placée en travers de la bouche. L'année 1519 est marquée au dessous du pied droit replié d'Eve, et la lettre L est sur un petit carré blanc, au bas dans le coin à la droite.

Hauteur: 4 pouces, 3 lignes. Largeur: 2 pouces, 7 lignes.

9. *Le péché d'Adam et d'Eve.*

Eve accroupie sur une jambe repliée, au pied de l'arbre de vie, présente de la main gauche du fruit défendu à Adam, qui est debout légèrement appuyé contre une grosse pierre, laquelle sert aussi d'appui au bras droit d'Eve. Au dessus d'elle on voit le serpent avec une face humaine, et une pomme dans la bouche, et dans le lointain quelques arbres au bas d'une hauteur, derriere laquelle le soleil se leve. L'année 1529, et le chiffre L à rebours sont en haut dans le coin gauche.

Hauteur: 4 pouces, 4 lignes. Largeur: 2 pouces, 11 lignes.

10. *Le péché d'Adam et d'Eve.*

Eve assise à gauche sur une grosse branche tronquée qui sort de l'arbre de vie presque horizontalement, et à peu de hauteur de terre, ayant le pied droit sur une pierre, la jambe gauche étendue, ainsi que le bras droit dont elle saisit une branche mince au dessus et un peu à côté d'elle, présente de la main gauche le fruit défendu à Adam, lequel assis vis-à-vis d'elle sur une butte de terre, le bras gauche appuyé, tend le droit pour recevoir la pomme. L'empressement d'en goûter est marqué sur son visage. Au dessus d'Eve est le serpent, avec la tête passée par dessus une branche, tenant une pomme par la tige en travers de la bouche. Au milieu de l'estampe sont deux arbres placés de biais l'un devant l'autre; on n'en voit que les tiges d'inégale grosseur. Dans le lointain on en découvre d'autres en masse. Au bas presque vers le milieu est la lettre L à rebours. Cette piece a été gravée suivant toutes les apparences vers l'année 1530, et paroît être le pendant de Nro. 16., dont elle a la même grandeur.

Largeur: 9 pouces, 2 lignes. Hauteur: 7 pouces.

11. *Adam et Eve fugitifs, après avoir été chassés du Paradis terrestre.*

Ils vont à côté l'un de l'autre, et dirigent leur marche vers la droite. Adam avec une barbe épaisse, et enveloppé d'un peau qui laisse cependant une partie du corps, depuis le cou jusques dessous l'aisselle droite, découverte, porte sur l'épaule gauche un instrument pour remuer la terre; et fait un geste de la main droite, en

parlant à Eve. Celle-ci presque entiérement vêtue porte sur ses bras un enfant. Dans le fond à droite est un grand arbre sec, et sur le devant du même côté on lit au bas dans une tablette la lettre L et l'année 1510.

Hauteur : 6 pouces. Largeur : 4 pouces, 5 lignes.

12. *Caïn tuant son frere Abel.*

Ils sont l'un et l'autre vêtus de peau. Abel terrassé se défend du bras droit contre Caïn, lequel tenant son frere de la main droite par la gorge, leve la main gauche pour l'assommer avec une machoire d'âne. Derriere la tête d'Abel on voit le tronc fendu d'un gros arbre. Au delà du dos de Caïn est un bouquet de bois dans le lointain. En haut, un peu vers la gauche, est l'année 1520, et la lettre L. Cette piece est gravée à l'eau-forte, et terminée en quelques endroits au burin.

Hauteur : 4 pouces. Largeur 3 pouces.

13. *Caïn tuant son frere Abel.*

Abel par terre se défend du bras droit contre Caïn, qui le saisit de la main gauche par les cheveux, et leve la main droite pour lui porter un coup avec une machoire d'âne. Le fond de l'estampe montre à droite le ciel avec des nuages, à gauche les tiges séparées de trois arbres, et dans le coin du même côté, vers le bas, est un écriteau avec la lettre L à rebours, et l'année 1524.

Hauteur : 4 pouces, 4 lignes. Largeur : 2 pouces, 10 lignes.

14. *Lamech et Caïn.*

Lamech est debout à gauche occupé à bander son arc. Vis-à-vis de lui est un enfant avec le genou droit et la jambe posée sur une pierre, qui tient une flèche de la main gauche, et fait signe de la droite vers une hauteur dans le lointain, où Caïn est assis sous un arbre, la tête appuyée sur la main droite, et la machoire d'âne à terre devant lui. La lettre L à rebours, et l'année 1524 sont dans le haut vers le coin gauche.

Hauteur : 4 pouces, 4 lignes. Largeur : 2 pouces, 10 lignes.

15. *Abraham et les trois Anges.*

Abraham est à genoux, vu de profil, et dirigé vers la gauche, où devant lui sont les trois Anges debout. Celui qui occupe le milieu de l'estampe, a les ailes étendues. Le chiffre de Lucas est vers la droite dans le fond sur un rocher. Cette piece paroît avoir été gravée en 1513.

Hauteur : 6 pouces, 6 lign. Largeur : 5 pouces, 1 ligne.

SUJETS DU VIEUX TESTAMENT.

16. *Loth enivré par ses deux filles.*

Loth assis à la droite de l'estampe sur des morceaux de roc, au pied de deux arbres dont on ne voit que les tiges, embrasse l'une de ses filles qu'il tient sur son genou, lui serant la cuisse d'un bras, et de l'autre le corps par le dos. Elle présente de la main gauche un vase à sa soeur assise à la gauche de l'estampe, aussi sur des morceaux de roc, qui y verse du vin. Sur le devant de l'estampe est un autre vase de forme sphérique avec une anse, et surmonté d'un col clos par un couvercle. Il est placé sur une grande pierre, sur les bords de laquelle chacune des deux soeurs a un pied appuyé. Devant Loth à terre, est un sabre dont le bout passe entre ses jambes. Dans le lointain on voit à droite la ville de Sodome en feu, à quelque distance vers la gauche, sur le penchant d'une colline, la femme de Loth tournée vers la ville, et changée en statue de sel, au haut de la colline les deux filles de Loth avec leur pere chargé d'un ballot, marchant devant elles. Dans le coin à gauche est un bouquet de bois. En bas vers le milieu de l'estampe est l'année 1530, et plus à droite sur la même ligne la lettre L.

Il y a peu de pieces dans l'oeuvre de Lucas, qui soient gravées d'une maniere aussi terminée que celle-ci, et qui soient en même tems dessinées de meilleur goût. Elle paroît être le pendant de Nro. 10, dont elle a la même grandeur.

Largeur: 9 pouces. Hauteur: 7 pouces.

17. *Abraham renvoyant Agar.*

Abraham vu de profil, et dirigé vers la droite, est placé presqu'au milieu de l'estampe. Il tient un bâton de la main gauche, et de la droite remet une cruche à Agar, qui la reçoit de ses deux mains. Devant elle est le jeune Ismael, qui porte un petit paquet des deux mains. A gauche dans le fond, on voit Sara assise sur la banquette d'un bâtiment peu élevé, qui semble contenir un reservoir d'eau, ou destiné à couvrir un puits. Elle tient par la main son fils Isaac, qui est debout auprès d'elle. Sur le devant à gauche est un chien. Dans le lointain du même côté on voit la porte d'une ville avec quelques édifices, et du côté droit Agar à genoux devant un Ange, et plus loin son enfant assis au pied d'un arbre. La lettre L est au bas vers le milieu de l'estampe.

Cette piece connue sous le nom de la grande Agar est des premieres manieres de Lucas, et paroît avoir été gravée vers l'an 1508. Elle est d'une rareté extrême. Sandrart

rapporte, que déja de son tems un amateur, Mr. de Spiring Envoyé de Suéde avoit payé une épreuve de cette estampe au prix de 500 florins.

Hauteur: 10 pouces, 2 lignes. Largeur: 7 pouces, 10 lignes.

18. *Abraham renvoyant Agar.*

Abraham sans regarder Agar tournée vers lui, l'écarte par un mouvement de sa main portée sur le bras droit, qu'elle tient élevée pour essuyer ses larmes d'une main; de l'autre elle porte une cruche, et sous le bras deux paquets ronds et oblongs. Derriere elle est le petit Ismael tenant une pomme. Sur le devant à gauche est un chien. Dans le lointain du même côté on voit une ville, et du côté droit un Ange en l'air, volant vers Agar assise sur le penchant d'une colline, au haut de la quelle son enfant est assis au pied d'un arbre. L'année 1516 et la lettre L sont au bas vers le milieu de l'estampe.

Hauteur: 5 pouces, 6 lignes. Largeur: 4 pouces, 6 lignes.

19—23 L'histoire de Joseph représentée en une suite de cinq planches gravées en 1512.

19. *Joseph raconte ses songes à Jacob en présence de ses freres.*

Jacob vu de profil est assis vers la droite, tenant une béquille à la main, et écoute Joseph qui est debout devant lui. Celui-ci est entouré de six de ses freres; deux autres sont à gauche sur le devant, l'un assis par terre, et l'autre debout derriere un pilier qu'il serre d'un bras. Deux autres encore entrent par la porte qui est au fond vers la gauche. Au dessus de cette porte est une tablette avec la lettre L et l'année 1512.

Largeur: 6 pouces, 1 ligne. Hauteur: 4 pouces, 7 lignes.

20. *Joseph et la femme de Putiphar.*

Elle est assise vers la gauche sur un lit, et s'efforce de retenir Joseph, en saisissant son manteau des deux mains. Devant elle sont à terre deux sandales, un pot de chambre renversé, et devant Joseph, son bonnet surmonté de deux plumes. Dans le fond à droite on voit deux femmes sur le seuil d'une porte ouverte, et au dessus une tablette avec la lettre L et l'année 1512.

Largeur: 6 pouces, Hauteur: 4 pouces, 8 lignes.

21. *La femme de Putiphar accusant Joseph.*

Elle est vûe de profil et dirigée vers la droite. Elle est à genoux, et tient le manteau de Joseph. Derriere elle sont deux servantes et un valet. Putiphar debout devant sa femme, et tenant un bâton de commandement à la main, exprime par son geste et par ses traits l'indignation et la colère excitées par le récit qu'il vient d'entendre. Il est accompagné de trois hommes qui sont debout auprès de lui; deux autres sont à l'écart au bas du mur d'une maison placée derriere Putiphar. Dans le lointain on voit les murailles d'une ville sur une hauteur, et plus loin le soleil levant. La lettre L et l'année 1512 sont marquées sur le mur indiqué ci-dessus vers le haut presqu'au milieu de l'estampe.

Largeur: 5 pouces, 12 lignes. Hauteur: 4 pouces, 6 lignes.

22. *Joseph en prison expliquant les songes de deux officiers du Roi prisonniers avec lui.*

Il est représenté au milieu de l'estampe assis par terre, et parlant aux deux officiers, qui sont assis de même, et enchaînés chacun par un pied, à une grosse pierre placée entre eux. Au dessus du grand panetier, qui est à gauche, couvert d'un large manteau, on voit la représentation aërienne de son rêve dans la figure d'un boulanger, qui porte sur la tête une corbeille remplie de pains, dont un oiseau mange. Une pareille représentation est à droite, au dessus du grand échanson, coëffé d'un petit chapeau surmonté de plusieurs plumes, et l'on y voit la figure d'un homme, qui verse du vin dans une coupe. Le chiffre L est au bas vers le milieu de l'estampe.

Largeur: 6 pouces, 1 ligne. Hauteur: 4 pouces, 8 lignes.

23. *Joseph interprétant les songes de Pharaon.*

Joseph est à genoux. Il est vu de profil, et dirigé vers la droite. Il adresse la parole à Pharaon, qui est assis à table sur une espece de trône. Vers la droite est l'échanson du roi, vu presque par le dos. Dans le fond, derriere un petit mur à hauteur d'appui, sont plusieurs officiers et gardes du roi. Le chiffre L est vers le milieu au bas de l'estrade, sur laquelle Joseph est agenouillé.

Largeur: 6 pouces, 1 ligne. Hauteur: 4 pouces, 8 lignes.

Ces cinq pieces sont du nombre des plus belles de l'oeuvre de Lucas.

24. *La fille de Jephté allant au devant de son pere.*

Jephté monté sur un cheval qu'un soldat mene par la bride, dirige sa marche vers la droite, suivi d'une troupe de guerriers. Il est vu presque de profil, et tient de la main droite un sceptre appuyé sur son épaule. Son sabre est porté par un garçon marchant à côté et un peu en avant du cheval, au bas de la butte sur laquelle Jephté passe; de l'autre côté, aussi un peu avant du cheval, et sur la butte même, est un homme armé, tenant une hallebarde d'une main, et de l'autre montrant la fille de Jephté, que dans le lointain de la droite on voit venir en dansant au devant de son pere. Le lointain de la gauche présente la vue d'un camp. Le milieu de l'estampe est occupé par une hauteur fort escarpée du côté droit; elle est garnie de quelques arbres, et surmontée d'un gros rocher, devant lequel sont deux soldats placés sur le bord du précipice, qui se penchent pour regarder en bas, sur le chemin par où la fille de Jephté arrive avec son cortege. Sur le devant à gauche est un chien prés d'une souche, où est suspendue une tablette avec la lettre L. Cette piece est des premieres manieres de Lucas, et paroît avoir été gravée vers l'an 1508.

Hauteur: 10 pouces. Largeur: 7 pouces, 2 lignes.

SUJETS DU VIEUX TESTAMENT.

25. *Dalila coupant les cheveux de Samson.*

Elle est assise sur un côteau, et coupe les cheveux de Samson dormant et couché sur ses genoux. Dans le fond on voit plusieurs Philistins armés, qui semblent attendre avec impatience le moment de pouvoir se saisir de Samson. Du côté gauche de l'estampe on en voit un à mi-corps, au pied d'un arbre dont il saisit le tronc à revers pour s'aider à grimper sur la hauteur. Un second vers la droite, avec une pique à la main, monte en s'accrochant à un arbre séc. Quelques autres sont vûs du même côté sur le penchant de la colline; un d'eux a la tête passée entre l'arbre séc et un rocher qui est au milieu de l'estampe, et de l'autre côté de ce rocher d'autres encore se présentent avec un drapeau, dont le premier tient un sabre à moitié tiré du foureau. Sur le devant est le bouclier de Samson placé sur une hallebarde à terre, qui tient toute la largeur de l'estampe, et au bas, vers le milieu, le chiffre L dans un écriteau.

Cette pièce est aussi un des premiers ouvrages de Lucas. Il y a toute apparence qu'elle est de l'année 1508.

Hauteur: 10 pouces, 5 lignes. Largeur: 7 pouces, 6 lignes.

SUJETS DU VIEUX TESTAMENT.

26. *David victorieux de Goliath.*

De la main droite il tient par les cheveux la tête, et de la gauche l'épée de Goliath appuyée sur l'épaule. Vis-à-vis de David sont trois des filles de Jérusalem venues au devant de lui en chantant et jouant de différens instrumens. A la gauche de l'estampe en arriere de David, on voit le tronc d'un arbre sur une butte de terre, et au bas vers le milieu est le chiffre L. Cette pièce paroît avoir été gravée vers l'an 1514.

Hauteur : 3 pouces, 11 lignes. Largeur : 3 pouces, 1 ligne.

27. *David jouant de la harpe devant Saül.*

David est vu presque de profil, et dirigé vers la droite. Il est debout, et joue d'une petite harpe qu'il tient élevée. Vis-à-vis de lui est Saül assis sur un trône bas et écoutant avec attention, comme l'indiquent la tête panchée en avant et l'oreille dirigée vers l'instrument. On reconnoit aussi l'effet calmant de l'harmonie dans les jambes croisées, la main droite posée sur la cuisse, le bras gauche appuyé, et le peu d'effort dans la main, dont il tient un javelot. Sa coëffure est une espece de turban, et son habillement une large robe fourrée. A côté du trône de construction Gothique et orné de sculptures, sont deux officiers en conversation, et des gardes dans le fond. La lettre L à rebours est vers le bas de l'estampe presqu'au milieu. Cette piece paroît avoir été gravée vers 1508.

Hauteur: 9 pouces, 4 lignes. Largeur: 6 pouces, 9 lignes.

28. *David priant Dieu de délivrer son peuple du fléau de la peste.*

Il est vû presque de profil, et dirigé vers la droite. Il est à genoux, et prie les mains élevées et jointes. Devant lui à terre on voit une espece de chapeau, dont la coëffe est ceinte d'une couronne, à côté de lui le sceptre, et derriere lui la harpe, pas loin du pied d'un arbre qui se trouve sur la gauche à côté du tronc d'un arbre sec. En haut vers la droite, paroît Dieu dans les nuages, avec une longue barbe, la thiare sur la tête, un globe dans la main gauche, et dans la droite une flêche servant à exprimer la vengeance divine par le fléau de la peste. Le fond présente la vue d'une ville avec la campagne au delà. La lettre L est au bas de l'estampe vers le milieu. Cette piece paroît avoir été gravée avant ou vers l'année 1508.

Hauteur: 5 pouces, 9 lignes. Largeur: 4 pouces, 1 ligne.

SUJETS DU VIEUX TESTAMENT.

29. *Le même sujet traité différemment.*

David est vu de profil et dirigé vers la gauche. Il est à genoux et prie les mains hautes et jointes. Devant lui à terre est le sceptre couvert en partie d'un chapeau comme celui de l'estampe précédente, et derriere lui la harpe dont on ne découvre que le haut. Dans le coin gauche paroît un Ange dont les ailes déployées et les cheveux agités indiquent le mouvement, par lequel il sort des nuages qui sont derriere et sous lui. Il tient de la main droite deux flêches avec la pointe en l'air, et de la gauche plus élevée une autre avec la pointe dirigée vers le bas. Vers l'angle inférieure à gauche on lit sur un écriteau la lettre L et l'année 1520. Ce morceau est gravé à l'eau-forte.

Hauteur: 4 pouces, 4 lignes. Largeur: 2 pouces, 10 lignes.

30. *Salomon adorant les idoles.*

Salomon est vu de profil et dirigé vers la droite. Il est à genoux en prieres au pied d'un autel, sur lequel est placé un idole sous la figure d'un homme à grandes oreilles, assis sur un globe et tenant de la main droite baissée un sceptre, et de la gauche tendue en avant la tête d'un âne. Une des femmes de

Salomon est près de lui debout, la tête panchée, et lui fait signe de la main droite vers l'idole. Dans le fond à gauche on apperçoit placé derriere une colonne, qu'il tient embrassé, un homme paroissant observer ce qui se passe. Derriere lui et dans le reste du fond plusieurs autres figures sont rangées le long de l'enceinte du temple formée d'un mur bas, par dessus lequel on voit quelques bâtimens. Près du sceptre et du bonnet, qui sont à terre derriere Salomon, est la lettre L, et l'année 1514 est marquée sur la frise de l'autel.

Hauteur: 6 pouces, 2 lignes. Largeur: 4 pouces, 9 lignes.

31. *Esther devant Assuerus.*

Le roi est assis à la gauche sur un trône. Du sceptre qu'il tient en la main droite, il touche le bras d'Esther prosternée devant lui, et la saisit de l'autre main, pour la relever. Derriere elle sont deux femmes de sa suite à genoux, dont les physionomies expriment une attention inquiete à la reception de leur maîtresse. A la gauche du Roi est Aman debout, observant d'un oeil fixe ce qui se passe, et tenant de la main droite un petit rouleau de papier. Derriere lui sont deux hommes, et dans le fond quatre autres, qui paroissent être des officiers du Roi, et s'en-

tretenir de ce qu'ils voient. Plus loin, vers la droite, on en découvre encore deux à travers une arcade. Par dessus un mur bas entre deux colonnes du portique, où la scene est représentée, on voit une ville sur une hauteur. La lettre L et l'année 1518 sont marquées en bas vers le milieu de l'estampe.

Hauteur: 10 pouces, 1 ligne. Largeur: 8 pouces, 3 lignes.

32. *Mardochée mené en triomphe.*

Revêtu de la robe royale, tenant de la main droite un sceptre appuyé sur l'épaule, escorté par deux gardes à tête découverte, et précédé d'un homme embouchant une trompe, il est monté sur un cheval dont la bride près du mords est tenue par Aman qui marche à côté, et par le geste de la main gauche étendue semble dire: *C'est ainsi que sera honoré celui qu'il plaira au Roi d'honorer.* La marche est dirigée vers la droite. Le peuple rassemblé en avant et en arriere du cheval marque par différentes attitudes son respect et son admiration. Au fond dans le lointain, qu'on découvre par dessus le mur de la ville, la punition d'Aman est indiquée par une potence où l'on pend un homme, placée sur une haute montagne. En bas au coin à gauche est une tablette avec la lettre L et l'année 1515.

Largeur: 10 pouces, 8 lignes. Hauteur: 7 pouces, 9 lignes.

33. *Les deux vieillards apperçevant Susanne dans le bain.*

Les vieillards placés sur une hauteur à droite se cachent derrière deux arbres et un rocher. L'un est à genoux, et montre Susanne à l'autre qui est debout près de lui. Susanne est vue dans un petit éloignement à gauche, assise au bord d'un ruisseau où elle se baigne les pieds. Plus loin on voit un pont d'une arche, puis des arbres, et au fond des bâtimens. Une tablette avec la lettre L est suspendue à une souche qui est au coin droit vers le bas de l'estampe, où l'on voit aussi un mur d'enclos avec une porte fermée. Cette piece est du premier tems de Lucas, et paroît avoir été gravée vers l'an 1508.

Hauteur: 7 pouces, 4 lignes. Largeur: 5 pouces, 5 lignes.

SUJETS
DU NOUVEAU TESTAMENT.

34. St. Joachim et Ste. Anne.

Joachim embrasse Anne son épouse à l'entrée d'un bâtiment ouvert. L'année 1520 est marquée vers la gauche dans le fond sur un mur, par dessus lequel on voit le feuillage d'un arbre. La lettre L est au bas vers le milieu de l'estampe.

Hauteur: 4 pouces. Largeur: 2 pouces, 8 lignes.

35. L'Annonciation.

A droite est la Vierge à genoux devant un prie-dieu, avec les mains jointes et baissées; elle tourne la tête vers l'Ange qui est derriere elle du côté opposé. Il a un genou en terre, un sceptre dans la main gauche, appuyée sur sa cuisse, et fait un geste de la droite dont l'index est tendu. Un pot dans lequel il y a des lis, est sur le plancher entre les deux figures; et le fond de l'estampe est couvert des rayons répandus par le St. Esprit qu'on voit sous la forme d'une colombe planant sur la tête de la Vierge. La lettre L est au bas de l'Ange vers la gauche de l'estampe. Cette piece paroît avoir été gravée en 1514.

Largeur: 4 pouces. Hauteur: 3 pouces, 3 lignes.

36. *La Visitation.*

Ste Elisabeth placée à gauche tient de la main droite une béquille, et serre la Vierge du bras gauche passé par dessus de l'épaule. La lettre L est en haut dans le coin à gauche. Il y a apparence, que cette piece a été gravée dans le même tems que le Joachim Nro. 34., c'est-à-dire en 1520.

Hauteur: 4 pouces. Largeur: 2 pouces, 10 lignes.

37. *L'adoration des Mages.*

La Vierge est assise vers la gauche auprès d'un mur. Elle soutient des deux mains l'enfant Jésus qui est debout sur ses genoux. A sa droite, presque sur le devant de l'estampe, est S. Joseph avec son bonnet entre les mains. Il a un genou posé sur le seuil de l'entrée de l'étable indiquée par le boeuf et l'âne, dont on apperçoit la corne et l'oreille tout à-fait au bord de l'estampe, derriere S. Joseph. Un des rois avec des éperons aux pieds, agenouillé devant l'enfant, lui pré-

sente de l'or dans un vase rond dont il ôte le couvercle, auquel l'enfant porte les deux mains, l'une au dessus, l'autre au dessous, comme pour le soutenir par le bord. Les deux autres rois sont debout derriere le premier, tenant chacun son offrande dans un vase, que celui qui est placé vers le fond, reçoit des mains d'un assistant, et que l'autre sur le devant vêtu d'une longue robe fourrée, avec une double chaîne au cou, et de longs cheveux flottans sur une espece de camail, a déja reçu d'un homme à pieds nuds, et la tête ceinte de vigne, qui est à côté de lui, et auquel il donne son bonnet. Dans le fond on voit plusieurs soldats et des gens de la suite des trois Rois. En bas vers la gauche est la lettre L, et vers la droite l'année 1513. Cette piece est une des plus considérables de l'oeuvre de Lucas, et les bonnes epreuves en sont très rares.

Largeur : 16 pouces. Hauteur : 11 pouces, 2 lignes

38. *Repos en Egypte.*

La Vierge assise sous un bouquet d'arbres donne le sein à l'enfant Jésus. A côté d'elle est Joseph, assis aussi au pied d'un arbre sec, au delà duquel il y a d'autres arbres. Il tient de la main gauche la bride de l'ane bâté qui broute, et il présente de la droite à la Vierge un fruit de la forme d'une poire, qu'il vient de prendre d'un petit coffre ouvert placé entre lui et la Vierge. Dans le fond à droite on voit des rochers. La lettre L est vers le bas au milieu de l'estampe. Cette pièce paroit avoir été gravée vers 1508.

Hauteur : 5 pouces, 10 lignes. Largeur : 5 pouces, 2 lignes.

39. *Le baptême de Jésus Christ.*

L'estampe représense les deux rives du Jourdain. Sur celle qui est au delà, on voit St. Jean avec un genou à terre, baptisant Jésus Christ qui, les mains croisées sur la poitrine, et le corps penché en avant, est debout dans l'eau jusqu'aux genoux. De nombreux spectateurs bordent la rivière du même côté. En deçà, c'est-à-dire sur le devant de l'estampe, on en voit d'autres, parmi lesquelles on distingue un homme qui embrasse le tronc d'un arbre, et plus en avant deux vieillards en larges robes debout, qui se parlent, et dont l'un vu de face semble écouter l'autre vu par le dos et appuyé sur un bâton. Tout près d'eux est un enfant assis par terre, et dans le coin de la droite une femme tournée vers la rivière, avec un enfant sur les bras. Dans le fond à gauche on voit des

montagnes, à droite une maison placée entre des arbres, et plus loin un château fortifié sur une hauteur. La lettre L est au bas de l'estampe vers la droite. Cette pièce paroît avoir été gravée vers l'an 1510.

Largeur: 6 pouces, 9 lignes. Hauteur: 5 pouces, 3 lignes.

40. *Jésus Christ tenté par le démon.*

Jésus Christ est debout vers la gauche auprès d'un morceau de rocher, sur lequel il a les deux bras appuyés. Par le geste de la main droite relevée dont on voit la paume, il paroît répondre au démon, lequel tenant une pierre dans le creux de la main droite tendue, semble lui avoir dit: *Si vous êtes le fils de Dieu, commandez, que ces pierres soient changées en pains.* Le démon est représenté sous la figure d'un vieillard à longue barbe, avec un bâton à la main, vêtu d'une robe trainante qui laisse cependant appercevoir un pied crochu. Sa tête est couverte d'un capuchon dont le bout d'en haut se termine par une pointe repliée en avant, à laquelle pend une houppe, et l'autre en descendant le long du dos, s'affile en queue finissant par une tête de serpent. Dans le lointain on voit à droite, au delà de deux arbres, le pinacle du temple de Jérusalem, à gauche une haute montagne, et sur chacune de ces élévations deux petites figures, pour indiquer les deux autres manieres employées successivement par le démon, pour tenter Jésus Christ. La lettre L est marquée sur le rocher à peu-près au tiers de sa hauteur, et l'année 1518 est en bas vers le bord, presqu'au milieu de l'estampe.

Hauteur: 6 pouces, 4 lignes. Largeur: 4 pouces, 11 lignes.

41. *La resurrection de Lazare.*

Jésus Christ placé vers le milieu de l'estampe, et dirigé vers la gauche est représenté debout, levant les yeux au ciel, pour rendre graces au pere, de l'avoir exaucé. Devant lui est Lazare agenouillé à l'entrée de la grotte qui lui a servi de sépulcre, et dont la pierre qui la fermoit, se voit à gauche appuyée contre le côté extérieur. Entre Jésus Christ et Lazare est un homme occupé à délier les bandes qui serroient les mains de celui-ci. Parmi les assistans dont deux sont montés sur des arbres placés de chaque côté de la grotte, on distingue sur le devant les soeurs de Lazare, à gauche Marie à genoux, avec les mains jointes, et à droite Marthe debout. Dans le lointain du même côté on voit le bourg de Béthanie, et sur le chemin qui conduit de là vers

le lieu de la scene, deux hommes marchans l'un devant l'autre. Les vêtemens du premier paroissent indiquer un Pharisien ou même un prince des prêtres; le second est armé. Des deux autres hommes qu'on voit se suivans dans un terrain au dessus de la grotte, celui de devant semble par la bourse pendue à la ceinture être Judas. A la hauteur de leurs jambes on apperçoit la tête d'un homme qui monte, et vers la droite, entre des arbres, une femme avec un enfant suspendu à son cou dans un linge, et derriere elle un second, un peu plus grand, dont on ne voit que la moitié de la tête. Vers le bas de l'estampe, presqu'au milieu, est à terre une tablette avec la lettre L. Cette pièce est de la première manière de Lucas, et paroît être du même tems, que la pièce de Jephté, Nro. 24, c'est-à-dire, de 1508, ou même avant.

Hauteur: 10 pouces, 6 lignes. Largeur: 7 pouces, 6 lignes.

42—55. La passion de Jésus Christ, en une suite de quatorze pièces gravées en 1521. Hauteur: 4 pouces, 3 lignes. Largeur: 2 pouces, 9 à 10 lignes.

42. *La Cène.*

Jésus Christ est assis à table avec ses disciples. De la main droite étendue il donne du pain trempé à Judas-Iscariote, duquel on ne voit que la tête en profil, et les deux mains tenant une bourse. St. Jean repose sur le sein de son maître avec la tête penchée vers le bras gauche de celui-ci, et le coude appuyé sur la table. Sur le devant à droite on voit au dessous de la table et derriere un panier rempli de pains qui paroît à moitié dans le coin, un disciple verser du vin dans une ecuelle qu'un autre disciple lui présente de la main gauche. En bas au coin à gauche, est une tablette couchée, avec la lettre L et l'année 1521.

43. *Jésus Christ à la montagne des olives.*

Il est à genoux en priere, la tête levée vers le ciel, et dirigé vers la gauche, où l'on voit un Ange dans les nues tenant un calice surmonté d'une hostie. Sur le devant vers la gauche on voit assis à terre et dormant S. Pierre tenant de la main gauche un sabre nud posé en travers sur ses genoux, et derriere lui les deux fils de Zébédée, Jean et Jacques. Dans le lointain on apperçoit au delà d'un enclos, et près de la porte d'entrée des gens armés avec un flambeau allumé. En bas au coin droit est une tablette posée de champ avec le chiffre L et l'année 1521.

SUJETS DU NOUVEAU TESTAMENT.

44. La prise de Jésus Christ.

Une troupe des gens armés d'épées, de bâtons et de massues se jette de toutes parts sur Jésus, pendant que Judas le baise. Sur le devant vers la droite on voit Simon Pierre, dans l'attitude de frapper d'un sabre Malchus qu'il vient de terrasser. Derriere la tête de Jésus et celle de Judas on apperçoit les tiges accouplées de deux arbres. En bas dans le coin gauche on lit sur un écriteau la lettre L et l'année 1521.

45. Jésus Christ devant le grand prêtre Anne.

Celui-ci est assis vers la gauche dans son tribunal. On lit son nom ANNE inscrit sur le côté du siege. La main gauche du pontife, dont il fait un geste, est singuliérement estropiée. Jésus est debout devant lui, avec les mains liées, et entouré de plusieurs hommes armés. Un des officiers placé devant un pilier entre Anne et Jésus, a le bras gauche levé, et le poing fermé, pour frapper celui-ci. Au delà du pilier on voit l'air, et tout en haut, au bord de l'estampe, une partie de la lune pleine. L'année 1521 est marquée au dessous du siege vers la gauche, et la lettre L au bas du pied du pontife, vers le milieu de l'estampe.

46. *Jésus Christ outragé dans le prétoire.*

Il est assis à terre sous une voûte, et dirigé vers la droite. Il a les yeux bandés, la tête inclinée en avant, et tient les mains croisées sur ses genoux relevés. Autour de lui sont plusieurs Juifs qui l'insultent en différentes manieres, et dont un placé derriere lui, le tient par les cheveux. La lettre L est marquée dans le fond, sur le pied-droit, à la naissance de la voûte, et l'année 1521 est marquée en bas, au dessous d'une hallebarde qui est à terre, et à côté d'une cruche, derriere laquelle on voit un chapeau sur le plancher.

47. *La flagellation.*

On voit au milieu de l'estampe Jésus Christ presque nud, n'ayant qu'un linge autour des reins, et attaché par les mains à une colonne. Il est fouetté par deux bourreaux dont celui à gauche le frappe avec un fouet, et l'autre à droite avec une verge. Dans le fond on voit plusieurs spectateurs. En bas, dans le coin gauche, est la lettre L sur un écriteau placé de biais, et dans le coin à droite, l'année 1521.

48. *Le couronnement d'épines.*

Jésus Christ revêtu d'un manteau, et assis sur une pierre carrée est vu presque de face

vers le mileu de l'estampe. Sur sa tête est la couronne d'épines, que deux hommes sont occupés à enfoncer, l'un à droite, avec un bâton fourchu qu'il tient des deux mains, l'autre derrière, avec un coin sur lequel il frappe avec effort. Un troisième à gauche, assis ou couché par terre, que par le bonnet à longues oreilles dont il est coëffé, le graveur paroît avoir voulu désigner comme un bouffon, présente à Jésus un roseau. Au fond dans le prétoire on voit Pilate avec une sorte de turban sur la tête, et une baguette à la main. Autour de lui sont des soldats. Sur le devant, au coin gauche, est un enfant qui n'est vu que de moitié, le visage tourné vers Jésus, tenant de la main gauche une pomme qu'il porte à la bouche, et ayant la droite appuyée sur la marche où il est assis. Au dessus du coin à droite on lit sur une tablette appuyée par le bord supérieur à une marche la lettre L et l'année 1521.

49. *Jésus Christ présenté au peuple.*

Jésus avec la couronne d'épines sur la tête, les mains liées, et couvert d'un manteau dont Pilate placé à sa gauche tient un bout de la même main, où il a une baguette, est montré au peuple par celui-ci qui par le geste de sa main droite semble dire: *Ecce homo*. Les mains levées des Juifs rassemblés au bas du prétoire, desquels on en voit un sur le devant à gauche vêtu d'une large robe, et un autre au milieu de gens armés, derrière un soldat qui est à droite tenant une lance, font entendre les cris de *crucifige*. Entre la jambe de ce soldat et sa lance, on voit la tablette avec la lettre L et l'année 1521 appuyée contre la marche du prétoire.

50. *Le portément de la croix.*

Jésus Christ est représenté tombant sur ses genoux sous le fardeau de la croix dont un bras, qu'il tient des deux mains, porte à terre. Une femme à genoux placée sur le devant à gauche, lui présente un linge. Derrière elle on voit un homme qui soutient le pied de la croix, et près de Jésus, un bourreau qui le frappe du bout d'une corde roulée autour de son bras. La Vierge et S. Jean suivent le sauveur. Dans le fond est un homme à cheval dans un vêtement à larges manches ressemblant à une aube, coëffé d'un capuchon avec un chapeau rabattu par dessus, et précédé d'une troupe de gens armés. En bas, dans le coin à droite, on lit sur un écriteau l'année 1521 et la lettre L.

51. Le crucifiement.

Jésus Christ attaché à la croix, la tête penchée vers la gauche, et portant son regard sur la S. Vierge et S. Jean placés du même côté sur le devant, semble dire à celle-là vue de face: *femme voilà votre fils*, et à celui-ci vu par le dos, qui essuye ses larmes: *voilà votre mere*. Vers la droite, derrière la croix, et dans le fond, au bas du calvaire, on voit des hommes armés et autres dont l'attitude ou le geste indiquent les propos insultans rapportés par les évangélistes. L'année 1521 et la lettre L sont marquées en bas dans le coin gauche.

52. La descente de croix.

La tête renversée du corps de Jésus Christ étendu en travers sur le devant de l'estampe est posée dans le giron de la Vierge assise à terre, qui pleure. Derrière elle est Marie, femme de Cléophas, pleurant aussi, dont on ne voit qu'une partie de la tête, et qui tient un linge devant le visage. Magdelaine à genoux, au milieu de l'estampe, au delà du corps, leve la main gauche de Jésus Christ, et semble l'arroser de ses larmes. St. Jean debout au pied de la croix, avec les mains jointes par l'extrémité des doigts, présente dans ses traits l'expression d'une vive douleur. Vers la droite, dans le fond, on voit deux hommes occupés à ôter l'échelle qui a servi à descendre le corps. Dans le coin à gauche, sur le devant, est un vase fermé. La lettre L et l'année 1521 sont sur un écriteau placé de biais à terre, au bas de l'estampe, vers le milieu.

53. La sépulture.

Deux hommes mettent le corps de Jésus Christ dans le sépulcre. L'un, vers la gauche, le soutient par les aisselles, l'autre, vu par le dos, et placé sur le devant vers la droite, a les mains passées sous les jarrets. Près de celui ci est Magdelaine dont on ne voit que l'épaule gauche et une partie de la chevelure, ainsi que du visage qui est tourné vers la tête du Christ, et couvert d'un linge qu'elle tient devant les yeux. Dans le fond, vers le milieu, est la S. Vierge pleurant, derrière elle, vers la droite, S. Jean avec les mains croisées sur la poitrine, et vers la gauche on voit les tiges de trois arbres. Un écriteau avec la lettre L et l'année 1521 est en bas dans le coin gauche.

54. La descente aux limbes.

Jésus Christ est au milieu de l'estampe, avec la tête rayonnante, le corps penché en

avant, un genou à terre, tenant une bannière de la main gauche, et saisissant de la droite le bras gauche d'un patriarche pour le tirer hors des limbes. On ne voit d'ailleurs de celui-ci que la tête levée vers le redempteur, et dans la même attitude quatre autres placés deux à deux de chaque côté, dont le premier à droite et le second à gauche, devant lesquels on apperçoit des flammes, tendent aussi les mains jointes. Au bord de l'estampe, à droite, paroît la gueule et la griffe d'un monstre qui garde l'entrée de l'enfer, et au dessus de celle-ci est, au milieu des flammes, une figure hideuse vue à mi-corps, avec une tête d'éléphant, des mammelles pendantes, et de gros bras tendus, représentant le démon qu'Adam vu debout dans le fond à gauche montre du doigt à Eve qui est à côté de lui, tenant la pomme d'une main, et de l'autre celle d'un enfant vu par le dos, et regardant le démon. Entre les têtes d'Adam et d'Eve on apperçoit celle d'une troisième figure, et à côté en haut est marquée l'année 1521. La lettre L est sur le mur, au dessous de la figure du démon.

55. *La resurrection.*

Le sauveur environné d'un nuage lumineux, couvert d'un manteau flottant, tenant une bannière de la main gauche, et la main droite levée, avec deux doigts étendus, est debout sur la pierre du sépulcre posée en travers de l'ouverture. Aux deux côtés du nuage on apperçoit dans l'ombre deux gardes endormis. Au devant du sépulcre sont assis deux autres vus par le dos. Un bras et la tête levée indiquent la surprise de celui qui est vers la droite, de l'autre on ne voit qu'une partie du bonnet et du visage. Un cinquième, vu de face, sur le devant à gauche, et accroupi avec ses pieds croisés, et une main appuyée sur un caillou, tourne la tête vers la lumiere éclatante derrière lui. A ses pieds, près d'un bâton à terre, est marquée l'année 1521, et vers le milieu, la lettre L sur un écriteau posé de biais.

Ces quatorze pièces ont été exactement copiées par *Jean Muller*, ou du moins sous sa conduite. Elles sont de la même grandeur, et portent l'année et le chiffre, comme les estampes originales. Sur la première piece on lit: *A. Muller excud.* et *C. Dankert excudit.*

56—64. La passion de Jésus Christ, en une suite de neuf pièces de forme ronde, dont le diametre est de 8 pouces, 1 ligne.

56. *Jésus Christ en prières à la montagne des oliviers.*

A droite, vers le fond, est un roc auquel

le graveur semble avoir voulu donner la forme d'un autel avec une marche. C'est sur celle-ci que Jésus vu par le dos à genoux, ayant le bras droit qu'on voit, appuyé par le coude sur ce qui représente la table de l'autel, et la main, ainsi que la tête, levée vers un calice surmonté d'une hostie placé en haut. Au milieu de l'estampe, trois disciples dorment autour d'une roche basse, présentés en différentes attitudes: Jean couché en travers sur le devant, avec la tête sur le bras droit posé sur la roche; vers la gauche Pierre avec le dos appuyé, la tête penchée vers l'épaule gauche, la bouche ouverte, et tenant de la main droite un sabre placé entre ses cuisses; de l'autre côté de la roche Jacques vu par derrière. Vers le fond à gauche on voit Judas à la tête de gens armés, et d'autres avec des flambeaux avancer par l'ouverture d'une haye, pour saisir Jésus Christ. Dans le lointain on voit la ville de Jérusalem, un bouquet d'arbres à côté, et des montagnes au delà. La tablette avec la lettre L est attachée au rameau sec d'une souche qui est sur le devant au bas de l'estampe, presqu'au milieu.

57. *La prise de Jésus Christ.*

Jésus Christ avec une corde au cou, qu'un homme sur le devant à gauche, tenant un flambeau de la main droite, saisit de l'autre au dessus du noeud coulant, et qu'un second derrière celui-ci empoigne, en baissant le corps des deux mains par le bout et au dessus, est placé au milieu de l'estampe, recevant le baiser de Judas, derrière lequel on voit immédiatement un homme en casque et armure, qui a le poing levé, et plus loin, au delà de l'enclos, une troupe de gens avec des bâtons, piques et autres armes, ainsi que des torches allumées dont on en voit une derrière la tête de Jésus, et une autre tenue en l'air par un homme qui est sous la porte d'entrée, tout au bord de l'estampe à gauche. Vers la droite, presque sur le devant, est S. Pierre tenant à la gorge, et frappant d'un sabre Malchus qu'il a terrassé. Celui-ci a le bras droit étendu, et les doigts de la main écartés; de la gauche il tient une lanterne. Au milieu du fond on voit un château avec deux tours, sur un roc percé que plusieurs hommes traversent. Plus loin est une ville, et des montagnes bordent l'horizon. La tablette avec la lettre L est au bas, sur le devant, vers la gauche.

58. *Jésus Christ devant le grand prêtre Anne.*

Jésus Christ la corde au cou, et les mains liées, est à gauche, entouré et suivi de gens armés, parmi lesquels un à la droite de Jésus

et vu par le dos, tient d'une main la corde par le noeud coulant, de l'autre par le bout, un second, près de celui-ci, saisit la corde entre les épaules de Jésus, un troisième derrière, a la main levée, et un quatrième, à la gauche de Jésus dont il a le bonnet en main, le montre au grand prêtre qui est assis à droite dans son tribunal sur la marche duquel on lit ANNAS. Près de lui, à sa droite, sont deux hommes dont celui qui est placé devant l'autre, et par lequel le graveur paroît avoir voulu désigner Caïphe, beau-pere d'Anne, lui adresse la parole. Entre Jésus et le tribunal, c'est-à-dire, au milieu de l'estampe, sont deux enfans debout, l'un derrière l'autre, et le premier appuyé sur un bâton, qui regardent le sauveur avec un air d'intérêt. Dans le fond une porte ouverte fait voir le vestibule, et S. Pierre avec une servante à son côté, un homme tenant une pique, vis-à-vis de lui, qui le saisit par le manteau, et au dessus de la tête de celui-ci, une lanterne tenue en l'air par un autre homme dont on ne voit qu'une petite partie du visage, le tout pour indiquer le triple renoncement de Pierre. La tablette avec la lettre I. est vers le bas, presqu'au milieu de l'estampe.

59. *Jésus Christ outragé dans le prétoire.*

Il est assis sur une pierre, et dirigé vers

la gauche. Il a les yeux bandés, les mains liées, et les bras, ainsi que la poitrine, pris dans le nœud coulant d'une corde dont le bout est tenu par un homme derrière lui, qui a le bras en l'air avec le poing fermé. Un autre, placé vers la droite, et vu par le dos, tire Jésus par l'oreille. Un troisième, presqu'au milieu de l'estampe, qui a la main gauche posée sur la tête de Jésus, semble lui avoir donné un soufflet de la droite, et dire: *prophétise nous, qui t'a frappé.* A gauche, vers le fond, est un grouppe de spectateurs, parmi lesquels on remarque un homme avec une chaîne au cou, parlant à trois autres placés près de lui, et devant ceux-ci, un cinquième montrant Jésus à un enfant qui est debout avec le corps tourné et la tête levée vers lui. Derrière Jésus on voit encore deux enfans, et plus loin deux hommes qui paroissent s'entretenir de ce qui se passe, sans y prendre une part active. Au bord de l'estampe à droite, on apperçoit à travers une porte ouverte le bout d'un escalier. Un écriteau avec la lettre L est vers le bas, presqu'au milieu de l'estampe.

60. *La flagellation.*

Jésus ceint d'un linge vers le milieu du corps d'ailleurs nud, est au milieu de l'es-

tampe attaché à une colonne par les bras passés et liés derrière, et par le bas des jambes entourées d'une corde dont le bout est dans la main d'un bourreau qui de l'autre tient un fouet élevé. Cet homme est à gauche ; derrière lui on voit, à la hauteur de ses reins, des verges tenues par un second bourreau qui a une main sur l'épaule de Jésus. A droite est Pilate debout, coëffé d'une espèce de turban, le visage et le corps tourné vers Jésus, s'appuyant de la main droite sur un sceptre dont la pointe porte à terre, et de la gauche sur un piédestal de balustrade. Des deux hommes qu'on voit au dos de Pilate, l'un avec le bras posé sur la manche d'une tunique qui pend par dessus la tablette de la balustrade, est occupé à compter de l'argent, et l'autre placé derrière, avec la tête avancée sur laquelle un linge passé dessous le menton et noué en haut arrête son bonnet, paroît par son regard et son geste y porter attention. Plus loin, du même côté, est un homme avec une chaîne au cou, près de lui un bourreau avec un fouet à la main, puis deux spectateurs, et au fond, des hommes armés. Sur le devant est un enfant vu par le dos, appuyé de la main gauche sur le bord de l'enfoncement où il est placé, et ayant le bras droit élevé et tendu vers Jésus. Au bord gauche de l'estampe on voit à travers une porte ouverte quelques bâtimens. La lettre L est sur la frise du retour de la balustrade.

61. *Le couronnement d'épines.*

Jésus Christ couvert d'un manteau, et assis sur une pierre, presqu'au milieu de l'estampe, reçoit un roseau de la main d'un homme qui est placé vers la droite, vis-à-vis de lui, avec un genou en terre, et un bâton pareil à ceux dont trois autres hommes, l'un à la droite, le second à la gauche de Jésus, et le troisième derrière lui, se servent avec effort, soit en appuyant, soit en frappant, pour enfoncer la couronne d'épines sur sa tête. Vers le fond à gauche est un groupe des spectateurs, parmi lesquels celui qui est vu par le dos, tient une tunique dont la manche très longue lui pend par dessus le bras. De l'autre côté, c'est-à-dire, à droite on apperçoit à travers une arcade un homme placé comme en faction au haut d'un escalier. Dans le fond est une tribune où l'on voit Pilate avec les bras appuyés sur des coussins, un sceptre à la main, et derrière lui des hommes sans et avec des armes. Un écriteau avec la lettre L est au milieu, vers le bas de l'estampe.

62. *Jésus Christ présenté au peuple.*

Il est debout sur le balcon du prétoire

entre deux piédestaux de balustrade, avec la couronne d'épines sur la tête, les mains liées par devant, et un manteau sur les épaules, relevé de chaque côté par deux hommes placés derrière, dont celui qui est à la gauche de Jésus, vers le bord de l'estampe, tient un fouet. A la droite de Jésus est Pilate, ayant la main de laquelle il tient le sceptre, appuyée sur le piédestal, et montrant de l'autre le sauveur au peuple qui, rassemblé au bas du prétoire vers la gauche, demande sa mort à grands cris, ce qui indiquent les bras tendus en l'air, et les bouches ouvertes. Parmi cette foule on retrouve l'homme avec le linge passé au dessous du menton, et noué par dessus le bonnet, qu'on a vu Nro. 60. Sur les marches qui conduisent au balcon, est assis un enfant qui a le corps penché en avant, la bouche ouverte, le bras gauche tendu vers Jésus, et une pomme dans la main droite. Dans le fond à gauche on voit une rue placée en partie dessus, et en partie au pied d'une colline, et au delà de hautes montagnes. Une tablette avec la lettre L est appuyée contre la dernière marche du balcon.

63. *Le portement de la croix.*

Vers le fond à droite on voit Jésus Christ succombant sous le fardeau de la croix. Pour le faire relever, un homme le frappe d'un bout de corde, tandisqu'un autre fait effort, en tirant à une corde attachée à la croix, au devant de la quelle il est placé; cette corde qui, passant derrière son corps et par dessus l'épaule droite, vient aboutir dans la main du même côté, il la tient empoignée de la main gauche. A travers l'intervalle qui est entre ces bourreaux, on voit deux hommes marchant ensemble, dont l'un embouche un cor qu'il tient élevé des deux mains, et l'autre qui a la tête retournée, porte un bâton avec une éponge au bout. A la tête d'une troupe de gens armés qui suivent Jésus, en côtoyant une colline surmontée de quelques édifices, on remarque deux hommes sans armes, et surtout la bourse pendue à la ceinture de l'un d'eux, ce qui désignant ordinairement Judas, pourroit faire croire, que Lucas eut voulu représenter ici ce perfide disciple se disculpant des suites de sa trahison, à quoi les gestes des deux personnages répondroient bien. Sur le devant à gauche est S. Jean assis sur une butte de terre, et soutenant entre ses bras la Vierge évanouie. A côté de lui, vers la gauche, mais un peu en arrière, est une femme assise au pied d'un arbre, qui pleure; et au bord de l'estampe on apperçoit encore une partie du manteau et du genou d'une troisième femme. Au fond sont des montagnes. Vers la

droite et presque sur le devant, est une souche avec une branche à laquelle pend la tablette avec la lettre L.

64. Le crucifiement.

Jésus Christ représenté mort sur la croix qui est placée de biais sur une hauteur, presqu'au milieu de l'estampe, mais un peu en arrière. A droite on voit le bas d'une autre croix, et les jambes du larron qui y est attaché. En avant de celle-ci est une femme essuyant ses larmes, derrière une autre femme assise qui pleure aussi, et a le visage caché par un mouchoir. Devant elles est S. Jean à genoux, qui soutient la Vierge évanouie. A gauche dans un chemin creux qui est entre le calvaire et un rocher, au bord de l'estampe du même côté, on voit cinq hommes, et un parmi eux, qui perce le côté de Jésus Christ avec une lance, à laquelle un autre à tête nue, derrière lui, porte la main aussi. En devant du rocher sont des soldats, et à leur tête deux hommes à cheval qui se parlent. Derrière la croix à gauche, vers le fond, on voit la porte et les murs d'une ville, et par delà un lac bordé de montagnes élevées, au pied desquelles on apperçoit une autre ville. Un écriteau avec la lettre L est au bas de l'estampe vers le milieu.

Ces pièces ont été faites, pour être peintes sur verre. Lucas les a gravées en 1509, n'étant agé que de quinze ans. On trouve cette date sur la bordure, qui les entoure toutes, et qui est large d'un pouce et quatre lignes. Elle est ornée de feuillages dont les deux branches inférieures sortant d'un gros fruit rond à côtes, et couronné de larges feuilles, montent jusques vers le milieu du cercle, sans toucher cependant les deux supérieures lesquelles d'un feuillage différent et entrelacées de deux enfans à chaque côté, viennent en descendant au même point, et sont jointes en haut par une bandelette où est marquée l'année 1509. On appelle cette sorte de bordures qui sont gravées séparément, des *passe par tout*, parcequ'étant faites d'après la forme et la dimension des morceaux qu'on veut y placer, elles servent à enchasser toutes les estampes dont le contour extérieur et la mesure y répondent. Ces neuf pièces sont des plus rares de l'oeuvre de Lucas.

65. *Couronnement d'épines.*

Jésus Christ couvert d'un large manteau est assis sur une pierre, et dirigé vers la droite; à sa gauche un homme qui a un genou à terre, lui met un roseau dans la main; deux autres hommes, l'un à droite de Jésus, et l'autre

derrière enfoncent avec des bâtons la couronne d'épines sur sa tête. Hors un mur à la droite, au haut duquel la lettre L est marquée, tout le reste du fond est blanc. Cette pièce paroît avoir été gravée vers 1513.

Hauteur : 4 pouces. Largeur : 3 pouces.

66. *Couronnement d'épines.*

Jésus Christ est assis vers la gauche sur une marche de pierre. Il est entouré de cinq bourreaux dont trois, c'est-à-dire, deux à son dos, et un vis-à-vis de lui, enfoncent en appuyant et en frappant avec des bâtons la couronne d'épines sur sa tête, tandisqu'un quatrième à genoux derrière celui qui est vis-à-vis de Jésus, après avoir jetté son fouet qu'on voit à terre entre ses cuisses, lui met, en tirant la langue, un roseau dans la main. Au milieu des deux autres est un cinquième aussi à genoux, qui a la bouche ouverte, et l'index de la main gauche levé. Le fond est occupé par une tribune avec un rideau qui est ouvert, où l'on voit deux hommes, l'un à tête nue, l'autre coiffé d'un bonnet haut, conversant ensemble, et derrière eux des spectateurs. A côté de la tribune, vers le bord de l'estampe à droite, on apperçoit sous un rideau relevé un homme appuyé par l'épaule contre le montant d'une porte ouverte, avec un pied sur le seuil, et les mains enveloppées dans son manteau, dont la physionomie, la tête penchée et les yeux détournés de la scene paroissent indiquer, qu'il en est affecté. Sur le devant, vers le coin gauche, est un bâton, et vers le coin droit, un écriteau posé de biais avec la lettre L, tous deux à terre. L'année 1519 est marquée sur le mur d'appui de la tribune.

Hauteur: 6 pouces, 3 lignes. Largeur: 4 pouces, 9 lignes.

67. *Jésus Christ présenté au peuple.*

Il est debout presqu'au milieu de l'estampe, avec la couronne d'épines sur la tête, les mains liées, le corps penché en avant, et les épaules couvertes d'un manteau dont un bout est relevé par un homme placé derrière lui, à l'issue d'une porte. A gauche est Pilate, couvert jusqu'à mi-corps par un piedestal de balustrade, et ayant les bras appuyés sur un coussin posé sur un drap terminé par des franges, qui pend par dessus la tablette. Il tient une baguette dans la main gauche, et de la droite il montre Jésus au peuple dont on voit dans le coin d'en bas du même côté deux têtes et deux mains levées. La lettre L est marquée en haut et vers le milieu sur le mur qui fait le fond

de l'estampe. Cette pièce paroit avoir été gravée dans le même tems que Nro. 65. c'est-à-dire, en 1513.

Hauteur: 4 pouces, 3 lignes. Largeur: 3 pouces, 1 ligne.

68. *Jésus Christ présenté au peuple.*

Cette pièce d'une composition riche contient plus de cent figures. A l'exception de quelques montagnes dans le lointain à droite, tout le fond de l'estampe est occupé par des bâtimens qui reviennent jusques vers le devant à gauche. Presqu'au milieu est le prétoire, et au niveau de cet édifice, une large platte forme qui s'étend fort en avant, et où vers la gauche on voit un escalier pour y monter, et un homme avec un bâton à la main gauche, qui le descend en se tenant de la droite à la rampe. C'est sur le bord de cette platte forme que paroit Jésus dans la même attitude qui est détaillée ci-dessus Nro. 67. entre deux satellites dont chacun releve un bout de son manteau. A droite est Pilate s'appuyant d'un bras sur une petite barriere qui est devant lui, avec une baguette à la main gauche, et montrant de l'autre Jésus Christ au peuple qui est rassemblé au bas de la platte forme, mais à une certaine distance déterminée par une grande barriere qui regne tout au tour, au dedans de laquelle il n'y a qu'un seul homme, dans une attitude tranquille, placé non loin de l'escalier. La masse du peuple dont les mains levées et les bouches ouvertes indiquent les cris tumultueux, est partagé en deux grouppes, desquels le plus nombreux occupe le devant de l'estampe, l'autre au bord à droite, et au retour de la barrière n'est vu qu'en partie ; entre les deux est un soldat isolé, avec le visage tourné vers la platte forme, la main gauche sur la barrière, et la droite en l'air. Les autres figures sont répandues sur toute l'estampe. On en voit derrière Pilate, à l'entrée du prétoire, sur plusieurs terrasses et balcons, dessous une porte à la droite du prétoire, et au pied d'une tour carrée qui est plus loin dans la même direction. On en voit sur la platte forme à gauche, sous des arcades qui y aboutissent, et aux fenêtres, ainsi qu'au bas de la maison qui borde l'estampe de ce côté. Sur le devant, vis-à-vis l'escalier dont il est fait mention plus haut, on voit un vieux homme montrant du doigt Jésus Christ à une jeune femme qui est près de lui avec un enfant à la main. Ils marchent vers la droite. En avançant de même on remarque un chien accroupi, puis encore deux enfans, et devant eux un homme vêtu d'une large robe, et appuyé sur un bâton, tous trois vus de face, et enfin deux autres

enfans placés de même dans le coin, derrière un morceau de roc sur lequel l'année 1510 et la lettre L sont inscrites.

Cette pièce est une des plus considérables de l'oeuvre de Lucas; elle se vendoit fort cher dès le vivant de l'auteur, et depuis le prix en est excessivement monté, sur tout en Hollande. Ce que l'on y doit le plus admirer, est la diversité et la convenance des caractères, l'ordonnance de la composition, et principalement l'intelligence avec laquelle chaque objet dégrade, et qui prouve, que Lucas avoit étudié avec soin la perspective, et qu'il y étoit déslors consommé, cequ'il devoit à son extrême application et à son talent. Il est à tous égards bien étonnant, qu'un jeune homme de seize ans, âge que Lucas avoit en 1510, ait pu de lui même, et sans avoir, pour ainsi dire, aucun guide, produire d'aussi belles choses.

Largeur: 16 pouces, 9 lignes. Hauteur: 10 pouces; 7 lignes.

69. *Jésus Christ portant sa croix.*

Il est représenté à genoux, succombant sous le fardeau de la croix, et tournant la tête vers une femme aussi à genoux, à la droite de l'estampe, qui lui présente le suaire. Dans le fond,

54 SUJETS DU NOUVEAU TESTAMENT.

derrière Jésus Christ, est une gloire rayonnante, le reste est blanc; l'année 1515 y est marquée au dessus de la femme, et une pierre sur laquelle Jésus s'appuye de la main gauche, présente l'inscription de la lettre L.

Largeur: 3 pouces, 10 lignes. Hauteur: 2 pouces, 11 lignes.

70. *Des soldats faisant boire Jésus Christ avant de le crucifier.*

Il est assis, entièrement nud, sur une grosse pierre, avec la couronne d'épines sur la tête, les bras croisés sur ses cuisses, le corps penché en avant, et dirigé vers la gauche. A ses côtés sont deux soldats dont l'un placé à sa gauche a une cruche à la main, et semble par le geste lui enjoindre, de boire de l'écuelle que tient l'autre soldat à droite, lequel en appuyant un pied tendu contre la croix qui est à terre, et une main dans la nuque de Jésus, paroît faire effort pour l'y contraindre. La lettre L est marquée en haut, au milieu du fond qui est blanc. Cette pièce a été vraisemblablement gravée en 1513; elle est dans la même manière que les pièces 65 et 67.

Hauteur: 4 pouces, 1 ligne. Largeur: 3 pouces, 1 ligne.

71. *Jésus Christ attaché en croix entre deux larrons.*

Cette très belle estampe est composée de plus de quatre vingt dix figures dont les grouppes sont ordonnés avec une intelligence admirable. L'objet principal est représenté dans quelque éloignement vers la gauche, où l'on voit sur une colline les trois croix élevées. Près de celle du milieu sont quatre femmes, trois à genoux, dont une embrasse le pied de la croix, et la quatrième, qui est la sainte Vierge, assise à terre et évanouie que le disciple Jean soutient d'une main, tandisque de l'autre il essuye ses larmes. Derrière les femmes est un homme à la tête de quelques gens armés et autres qui d'une lance perce le côté de Jésus. Toutes ces figures sont à la gauche de la croix : à la droite deux hommes sont occupés à dresser une échelle contre la croix d'un des larrons, et à ce qu'il semble, par ordre d'un troisième, placé derrière eux, près d'un soldat qui tient une hallebarde. En avant d'eux est un autre homme avec un genou à terre, dont l'attitude, ainsi que la main levée et le visage tourné vers Jésus, paroissent indiquer le centenier, reconnoissant le fils de Dieu. Plus bas, dans la même direction, est un homme vêtu d'un habillement fort ample, avec un capuchon sur la tête, et un enfant près de lui. Il est vu de face, parlant à deux soldats tournés vers lui, desquels l'un qui fait un geste du bras tendu vers la croix de Jésus, tient un long roseau avec une éponge au bout, l'autre une massue sur l'épaule, et un seau à la main. Parmi le reste des grouppes de gens avec et sans armes à pied et à cheval, répandus sur toute l'estampe, on distingue sur le devant à gauche deux hommes se disputant la tunique de Jésus, et auprès d'eux un troisième dans l'action de tirer le sabre. Du côté opposé on voit la moitié d'un cheval, et un homme dessus, avec une pique qu'il tient baissée, en regardant avec attention vers le calvaire que lui montre un soldat placé à la droite du cheval avec une hallebarde renversée; devant eux est un gueux marchant avec des béquilles, et au dessous est écrite à rebours l'année 1517. La lettre L se trouve vers le milieu, au bas de l'estampe et d'un enfant assis à terre, qui est appuyé contre un morceau de roc, et à la main droite sur le dos d'un chien. Entre la lettre et l'année est une femme assise de même avec un enfant dans les bras. Le lointain à gauche présente la ville de Jérusalem, à droite deux rochers couronnés de forts, et tout-à-fait à l'horizon encore une ville.

Cette pièce est une des plus parfaites de

l'oeuvre de Lucas. Elle peut servir de modèle pour la manière de traiter les lointains, et il paroît, que *Golzius* et *Saenredam* l'avoient bien étudiée. Les bonnes épreuves en sont excessivement rares.

Largeur: 15 pouces, 2 lignes. Hauteur: 10 pouces, 6 lignes.

72. *La S. Vierge et S. Jean au pied de la croix.*

La Vierge avec la tête baissée et les bras croisés est à gauche, et à droite S. Jean tenant son manteau d'une main, et de l'autre essuyant ses larmes. Au dessus des bras de la croix on voit à gauche l'année 1516, et à droite la lettre L.

Hauteur: 4 pouces, 4 lignes. Largeur: 3 ponces, 2 lignes.

73. *L'homme de douleurs.*

Jésus Christ est représenté debout dans le tombeau, et vu jusqu'au dessus des genoux. Un drap dont le bout revient en avant sur le bord du tombeau, entoure ses reins; d'ailleurs il est nud, avec la couronne d'épines sur la tête, et les mains, dans l'une desquelles il tient un fouet, liées d'une corde; entre le bras droit et le corps sont placées des verges, et autour de lui tous les autres instrûmens de sa passion. L'année 1517 est marquée sous le bord du tombeau, sur une bandelette au bas de l'estampe, et une table avec la lettre L est suspendue à une branche des tenailles qui sont au dessus de l'épaule gauche de Jésus.

Hauteur: 4 pouces, 4 lignes. Largeur: 2 pouces, 8 lignes.

74. *Jésus Christ apparoissant à Madelaine sous la figure d'un jardinier.*

Il est à gauche, couvert d'un chapeau à larges bords rabattus, et touche des deux premiers doigts de sa main droite étendue le front de Madelaine, qui la tête et les yeux baissés leve le couvercle d'un vase qu'elle tient. Les deux figures à mi-corps sont placées devant l'entrée du sépulcre taillé dans le roc, lequel s'étend sur toute la largeur de l'estampe, et derrière Jésus en occupe aussi la hauteur, en s'abaissant vers le milieu où l'on voit le tronc d'un arbre, et plus encore à la droite, il laisse voir dans l'éloignement, là les murs de Jérusalem, et ici, sur une colline, les trois femmes nommées dans l'évangile, marchant vers le sépulcre avec des parfums qu'une d'elles porte dans un vase pour embaumer le corps de Jésus. L'année 1519 est marquée en haut du même

côté, et de l'autre on trouve, un peu plus bas, la lettre L inscrite sur le roc.

Largeur : 6 pouces, 2 lignes. Hauteur : 4 pouces, 11 lignes.

75. *L'enfant prodigue de retour à la maison paternelle.*

Le père vu presque de profil est debout vers le milieu de l'estampe. Il est dirigé vers la droite, et se baisse pour relever son fils qui est à genoux devant lui, demandant à mains jointes le pardon de ses fautes. A quelque distance derrière eux, quatre hommes parmi lesquels un avec une hallebarde, placés devant des arbres, regardent ce qui se passe, et paroissent s'en occuper, ce que font aussi quatre autres rassemblés sur le devant, près d'une maison à gauche où l'on voit un homme à la fenêtre, et sur le seuil de la porte deux domestiques, dont celui qui est le plus avancé, porte les vêtemens pour l'enfant prodigue. Des bâtimens qui entourent une basse cour, où l'on voit tuer le veau gras, remplissent le fond du même côté. A la droite le lointain offre la vue d'un paysage avec quelques habitations au bord d'une rivière et au pied d'un roc escarpé, derrière lequel des montagnes terminent l'horizon. En deçà de la rivière on découvre l'enfant prodigue accroupi devant une auge où des pourceaux mangent, et plus en avant, au bas du tertre sur lequel sont placées les figures principales, on voit un homme suivi d'un autre dont on n'apperçoit que la tête, conduisant des vaches. Sur le devant, au milieu de l'estampe, près d'une souche, est un chien portant le nez à terre, et non loin delà, vers la droite, une tablette couchée de biais, sur laquelle est marquée la lettre L.

Cette pièce paroît avoir été gravée en 1510. On doit y admirer l'intelligence et l'art qui ont guidé la main de Lucas dans l'exécution des lointains. Les fabriques, le paysage et les petites figures qui s'y trouvent, tout y est touché avec esprit, et comme il le falloit pour faire dégrader les objets.

Largeur : 9 pouces. Hauteur : 6 pouces, 8 lignes.

VIERGES, SAINTS, SAINTES
ET AUTRES
SUJETS PIEUX.

76. *La S. Vierge avec l'enfant, accompagnée de S. Anne.*

La Vierge avec les cheveux flottans est debout, tenant sur le bras droit l'enfant Jésus nud qui étend les mains vers un fruit que S. Anne placée vis-à-vis, et appuyée sur une béquille qu'elle tient de la main gauche, lui présente de la droite. L'année 1516, et au dessous la lettre L, sont marquées en haut, au milieu de l'estampe.

Hauteur : 4 pouces, 1 ligne. Largeur : 3 pouces, 4 lignes.

77. *La S. Vierge debout sur un croissant dans une gloire.*

Elle a les cheveux flottans, avec une couronne pardessus, et porte sur le bras droit l'enfant Jésus nud qui tient un fruit dans la main, et dont la tête rayonnante est aussi environnée d'un gloire, où l'on voit trois branches d'une croix semblable à celle qu'en termes de blason on appelle *enhendée* *). La lettre L est au bas de l'estampe, dans le coin à gauche. Cette pièce paroît avoir été gravée vers 1512.

Hauteur: 4 pouces, 1 ligne. Largeur: 2 pouces, 10 lignes.

78. *La S. Vierge dans une niche debout sur un croissant renversé.*

Une gloire environne sa tête couverte d'un voile, et elle porte sur le bras l'enfant Jésus vêtu, qui a la main droite dans le sein de sa mere, et de la gauche tient une pomme. La lettre L est à droite, sur le bord de la niche, vers le milieu de la hauteur de l'estampe. Cette pièce paroît avoir été gravée vers l'an 1518.

Hauteur: 4 pouces, 5 lignes. Largeur: 2 pouces, 9 lignes.

79. *La S. Vierge debout sur un croissant dans une gloire.*

Elle a les cheveux flottans en l'air vers la gauche. L'enfant Jésus enveloppé dans un

---

*) Une croix *enhendée* est celle qui a les branches terminées en façon de croix *ancrée*, et qui a entre les deux crochets une pointe comme un fer de lance. Elle est commune chez les Espagnols dont elle a reçu le nom: *enhendido*, qui signifie *refendu*.

linge, et serrant une pomme des deux mains, est sur son bras droit, et dans sa main gauche est un sceptre qu'elle tient incliné. La lettre L est en bas à gauche, et vis-à-vis à droite on lit l'année 1523.

Hauteur: 4 pouces, 4 lignes. Largeur: 2 pouces, 9 lignes.

80. *La S. Vierge avec l'enfant Jésus, assise au pied d'un arbre.*

Cet arbre est vers la gauche de l'estampe. La Vierge avec la tête découverte tient des deux mains l'enfant nud qui est assis sur les genoux de sa mere, et a une poire dans les mains. La lettre L et l'année 1514 sont marquées vers la droite de l'estampe, au dessous d'une branche de l'arbre.

Largeur: 4 pouces, 1 ligne. Hauteur: 3 pouces, 2 lignes.

81. *La S. Vierge avec l'enfant Jésus assise dans un paysage.*

Elle est placée au milieu de l'estampe, et assise sur une butte de terre. Elle a les cheveux couverts d'un voile, et présente de la main droite une fleur à l'enfant Jésus vêtu d'une chemise, et couché sur ses genoux avec une pomme à la main. Derrière la Vierge sont deux arbres, auprès desquels on voit vers la gauche un Ange qui, s'appuyant de la main droite sur une branche rompue, avance le corps et la tête pour regarder Jésus, et un peu plus en avant, un autre dont on ne voit que la tête et les mains jointes, qui est à genoux pour l'adorer. Une hauteur avec des arbres et une tour ronde derrière occupe le fond à droite. Une tablette couchée de biais avec la lettre L et l'année 1523 marquées dessus, est au bas de la Vierge, presqu'au milieu de l'estampe. Cette pièce est une des plus parfaites de Lucas.

Hauteur : 5 pouces, 6 lignes. Largeur : 3 pouces, 9 lignes.

82. *La sainte Famille.*

La S. Vierge avec la tête couverte d'un voile est assise au pied d'un arbre. L'enfant Jésus est debout près d'elle, et tend les bras pour saisir une pomme qu'elle tient dans la main gauche. Derrière eux, vers la gauche de l'estampe, est S. Joseph qui a un genou à terre, et présente de la main droite une autre pomme à la Vierge. Le fond offre la vue d'un paysage terminé par des montagnes. Une tablette avec la lettre L est suspendue à une branche sèche de l'arbre. Cette pièce est sans date; on la croit gravée vers l'an 1508.

Hauteur : 7 pouces, 3 lign. Largeur : 5 pouces, 5 lign.

83—96. Jésus Christ et les Apôtres représentés debout, en une suite de quatorze pièces gravées, à ce qu'il paroît, vers l'an 1511. Hauteur: 4 pouces, 5 lignes. Largeur: 2 pouces, 8 lignes.

83. *Le Sauveur.*

Vêtu d'une aube et pardessus d'une chape attachée par une grosse agrafe sur le devant, il a le bras gauche et les deux premiers doigts de la même main levés, et de l'autre tient un globe surmonté d'une croix. Une petite gloire d'où l'on voit sortir, de côté, deux longues branches d'une croix enhendée*) environne sa tête. Une tablette avec la lettre L est en bas, dans le coin gauche.

84. *S. Pierre.*

Il a une clef dans la main droite dont les doigts sont posés sur un livre qu'il tient de la main gauche couverte de son manteau. La lettre L est marquée à droite dans le fond, à la hauteur de l'épaule.

---

*) Pour la signification de ce mot, voyez la note au Nro. 77.

85. S. Paul.

Sur le bras gauche, couvert ainsi que la main, de son manteau, il tient un livre, et appuye la droite sur la poignée d'un glaive dont la pointe porte à terre.

86. S. André.

Il tient de la main droite un livre, et la gauche est appuyée sur la croix qui a servi à son martyre. La lettre L est sur le devant vers le coin gauche.

87. S. Jean l'évangéliste.

Il a les deux premiers doigts de la main droite étendus au dessus d'un calice qu'il tient de la main gauche, et d'où sort un serpent ailé. La lettre L est en bas, sur le devant, vers le coin gauche.

88. S. Jacques le majeur.

Il tient de la main droite un bourdon au bout duquel est attaché un sac, et de la gauche un chapeau rond. La lettre L est en bas, sur le devant, vers le coin gauche.

89. S. Thomas.

De la main droite il tient un livre en partie couvert par son manteau, et de la gauche la lance dont il a été percé. La lettre L est dans le fond à droite vers le bas de l'estampe.

90. S. Judas Thadée.

Il a la main gauche enveloppée dans son manteau, et tient de la droite une massue. La lettre L est à gauche dans le fond, un peu au dessus du milieu de l'estampe.

91. S. Barthelemy.

Il est vêtu d'une espèce de dalmatique. Le couteau qu'il a dans la main droite, indique le genre de son martyre, comme sa mission dans l'Inde semble être indiquée par un chapelet à dix grains, en usage chez les Orientaux, qu'il tient de la gauche. La lettre L est à gauche dans le fond au dessus du terrain inégal, sur lequel la figure est placée. La gloire qui environne la tête de cet Apôtre, différe de celle de tous les autres, en ce qu'elle n'est pas rayonnante.

92. S. Philippe.

Il a de longs cheveux pendans sur les

épaules ; de la main gauche il tient son manteau relevé, et de la droite un bâton terminé en croix. La lettre L est en bas, sur le devant, vers le coin gauche.

93. *S. Jacques le mineur.*

Il est vu de profil, tandisque les autres sont représentés plus ou moins de face, et paroît marcher ; de la main droite il tient un instrument de la forme d'une équerre, et fait un geste de la gauche, élevée. La lettre L est dans le fond à gauche, un peu au dessous du milieu de l'estampe.

94. *S. Simon.*

Sa chevelure est frisée. Il tient un livre sous le bras gauche, et de la main du même côté il relève son manteau, d'où sort la main droite appuyée sur une scie. La lettre L est en bas, sur le devant, vers la droite de l'estampe.

95. *S. Mathieu.*

Il a la main gauche appuyée sur sa hanche, et tient de la droite une hallebarde. La lettre L est dans le fond à gauche vers le bas.

96. S. Mathias.

Il tient de la main droite son manteau, et de la gauche un couperet. La lettre L est en bas, sur le devant, vers le coin à gauche.

97—100. Les quatre évangelistes à mi-corps, occupés à écrire leurs évangiles, en quatre pièces gravées en 1518. Hauteur: 4 pouces, 1 ligne. Largeur: 2 pouces, 9 lignes.

97. S. Mathieu.

Assis devant un pupitre sur lequel est un livre, et dirigé vers la gauche, il montre la plus grande partie du dos et une petite partie du visage. Sa tête est découverte, et ses cheveux sont courts. Il est occupé à tailler une plume. Dans le fond à gauche est un Ange avec les ailes déployées, ayant les bras posés sur un appui, et faisant signe de l'index de la main gauche vers l'évangeliste. La lettre L est en haut, vers le milieu de l'estampe.

98. S. Marc.

Coëffé d'une espèce de turban fait d'un linge ou autre étoffe, dont le bout pend sur son épaule droite, il est vu de profil, avec des lunettes sur le nez, et dirigé vers la gauche. Placé devant une table où il a les coudes appuyés, il tient de la main gauche un encrier, et de la droite une plume, avec laquelle il écrit sur une feuille de papier. Au bout de la table, vers la gauche, on voit la tête d'un lion. En haut, au milieu de l'estampe, sur le mur qui fait le fond, est un écriteau avec la lettre L et l'année 1518.

99. S. Luc.

Il est vu de profil, avec la tête couverte d'un bonnet, et dirigé vers la droite. Il écrit dans un livre placé sur un pupitre; dans le fond à gauche on voit une colonne, et à droite les cornes, ainsi qu'une partie de la tête et du dos du boeuf. La lettre L est sur un mur en haut vers le milieu.

100. S. Jean.

Il est représenté de face, avec la tête découverte et de longs cheveux flottans. Assis à une table, il a l'index de la main gauche dans laquelle il tient un petit rouleau, posé au commencement de quelques lignes tracées sur un papier étendu devant lui, et de la droite il trempe sa plume dans un encrier. Au dessus de son épaule gauche est un aigle avec

les ailes déployées, qui tient une bandelette repliée entre ses griffes. A gauche, vers le haut, sur un pilier du mur qui fait le fond de l'estampe, est un écriteau avec la lettre L et l'année 1518.

101. *S. Luc.*

Il est représenté avec la tête couverte d'une calote, et assis sur le dos d'un boeuf qui est couché à terre. Il écrit dans un livre qu'il appuye contre les cornes de l'animal. Au bord de l'estampe, à gauche, à côté de la tête du boeuf, on voit la tige d'un arbre avec une branche à laquelle un encrier est suspendu. Le fond est blanc. Sur le devant, près du pied que le boeuf tient étendu, est un livre à terre, et dans le coin à droite, une tablette avec la lettre L. C'est une des premieres productions de Lucas; elle est gravée, à ce qu'il paroit, vers l'an 1508.

Hauteur: 4 pouces, 4 lignes. Largeur: 3 pouces, 3 lignes.

102. *S. Pierre et S. Paul tenant le suaire.*

Les deux figures sont représentées à mi-corps. S. Pierre releve de la main droite dans laquelle il a une clef, son manteau, et tient de la gauche un bout du suaire dont l'autre est tenu de la main droite par S. Paul qui a un livre sous le bras gauche, et la main du même côté appuyée sur un glaive. Une enceinte semi-circulaire, terminée de chaque côté par une colonne qu'on voit derrière les figures, forme le fond, au milieu duquel est au dessus du suaire un écriteau avec la lettre L, et au dessus de l'enceinte, l'année 1517.

Largeur : 4 pouces, 4 lignes. Hauteur : 2 pouces, 10 lignes.

103. *S. Pierre, et S. Paul.*

Ils sont assis à terre dans un paysage, et s'entretiennent ensemble. S. Pierre placé à gauche tient une clef de la main droite, et a l'autre étendue vers le livre qu'à sur ses genoux S. Paul avec une longue barbe, qui en relève une feuille de la main gauche, et de la droite fait un geste vers S. Pierre. Il a le pied gauche sur un glaive qui est à terre devant lui. En bas, dans le coin à gauche, l'année 1527 est marquée sur un caillou, et près de celui-ci la lettre L. Il y a peu de pièces dans l'oeuvre de Lucas, qui soient gravées avec autant d'art.

Largeur : 5 pouces, 4 lignes. Hauteur : 3 pouces, 8 lignes.

104. *La conversion de S. Paul.*

Aveuglé par la lumière du ciel dont il a

été frappé, S. Paul marche tête nue entre deux hommes, s'appuyant d'une main sur l'épaule de celui qui est à sa gauche, et de l'autre tenant le bras de celui qui est à sa droite, et qui conduit par la bride le cheval qu'il avoit monté. Beaucoup de gens armés, et parmi eux quatre cavaliers, le suivent. Tout le cortege passe devant un rocher, à côté duquel on découvre, dans le lointain à droite, une partie des murs et des tours d'une ville, et à gauche, au pied d'une hauteur couronnée d'arbres, on voit à la tête d'une troupe armée S. Paul et son cheval abattus par un rayon de lumière sorti des nuages. Sur le devant, vers la gauche, un homme avec une perche à la main, la tête ceinte de feuilles, et un cornet pendu au cou, qui conduit en laisse deux lévriers, et un autre à côté de lui, avec une longue barbe et un bonnet dont la pointe retombe sur son épaule droite, semblent regarder la marche de S. Paul avec sa suite. Derrière eux est un morceau de roc, et un peu plus loin vers la gauche est un tambour avec sa caisse en travers sur le dos. En bas sur le devant et vers la droite, est une tablette couchée de biais à terre avec l'année 1509, et la lettre L. Cette pièce est une des plus considérables et des plus rares de l'oeuvre de Lucas.

Largeur: 15 pouces, 4 lignes. Hauteur: 10 pouces, 7 lignes.

105. *S. Christophe.*

Il est assis au pied d'une masse de rochers, entre lesquels est un arbre, et au bord d'une rivière. Par l'appui de sa main droite à terre, et par la jambe gauche repliée vers le corps, il paroît se lever pour aller chercher l'enfant Jésus qu'on voit dans l'éloignement à l'autre bord, avec la main droite en l'air, et tenant de la gauche un globe surmonté d'une croix. Du même côté de l'eau, où est S. Christophe, et presque vis-à-vis de l'enfant, on apperçoit un hermite, sortant de sa cellule avec un bâton sur lequel il s'appuye, et une lanterne à la main. A côté de S. Christophe est une massue à terre, et la lettre L est sur une tablette attachée à une souche qui est sur le devant à droite. Cette pièce est un des premiers ouvrages de Lucas, et paroît avoir été gravée vers l'an 1508.

Largeur: 4 pouces. Hauteur: 3 pouces, 1 ligne.

106. *S. Christophe dans l'eau, avec l'enfant Jésus sur ses épaules.*

Il est représenté d'une taille gigantesque, et avec une longue barbe, marchant vers la gauche dans l'eau qui va jusqu'aux genoux, et tenant fortement des deux mains une longue et grosse branche d'arbre. Il a une large

épée au côté, couverte en partie par un sac suspendu à la ceinture. Son manteau, ainsi que celui de l'enfant Jésus qui a les pieds sur ses épaules, et les mains dans l'une desquelles il tient un globe surmonté d'une croix, sur la tête du Saint, flottent en l'air comme agités par le vent. Au bout de l'horizon on voit dans le lointain à gauche une haute montagne, et dans le coin d'en bas du même côté une pointe de rocher où la lettre L est marquée.

Il y a apparence que cette pièce a été gravée dans le même tems, que la suite de la passion, c'est-à-dire en 1521, et alors elle auroit pu être faite en concurrence de l'estampe du même sujet, qui a été gravée par *Albert Durer* en cette même année. Celle de Lucas est une de ses meilleurs estampes.

Hauteur: 3 pouces, 1 ligne. Largeur: 2 pouces, 8 lignes.

107. *S. Jean Baptiste dans le désert.*

Il est assis sur un terrein inégal, et montre de la main droite un agneau couché à sa gauche, ayant la tête tournée vers lui; et une petite bannière entre les pieds de devant. En arrière de S. Jean, vers le bord gauche, est un arbre sec. En haut, dans le fond vers la droite, est l'année 1513, et la lettre L se trouve sur le devant, vers le milieu.

Largeur : 4 pouces. Hauteur : 3 pouces, 2 lignes.

108. *La décollation de S. Jean Baptiste.*

Le bourreau vu par le dos, et placé vers la gauche devant le corps de S. Jean étendu à ses pieds, a un glaive nud dans la main gauche, et de la droite pose la tête qu'il vient de couper, et qu'il tient empoignée par les cheveux, sur un plat que lui présente la fille d'Hérodias. Au bas de l'estampe, sur le devant, on voit à terre le fourreau du glaive, et dans le fond qui, à l'exception d'un mur bas surmonté d'une petite colonne au bord droit, et prolongé jusqu'au milieu de l'estampe, est tout blanc, on voit entre les deux figures vers le haut la lettre L. Cette pièce paroît avoir été gravée vers l'an 1513.

Hauteur : 4 pouces. Largeur : 3 pouces, 6 lignes.

109. *S. Jérôme.*

Il est assis au pied d'un rocher, et dirigé vers la droite, tenant des deux mains un livre qu'il est occupé à feuilleter. Une gloire rayonnante environne sa tête, et un

lion est couché à sa gauche. Le côté droit de l'estampe offre dans le lointain la vue de bâtimens placés entre des arbres, au pied d'une haute montagne qui termine l'horizon, et l'année 1518 est marquée en haut dans l'air. La lettre L est à gauche vers le bord sur la partie la plus élevée du rocher. Au bas de l'estampe, sur le devant, on voit la moitié d'un chapeau rond.

Largeur: 4 pouces. Hauteur: 3 pouces, 2 lignes.

110. *S. Jerôme.*

Le Saint dont le corps nud est en partie couvert d'une draperie, est à genoux, vu de profil et dirigé vers la droite. Il a la tête qui est environnée d'une gloire fort ample, levée, ainsi que la main gauche, vers un crucifix rayonnant et suspendu à une branche entre deux arbres. Dans sa main droite il tient un caillou, et devant lui, au pied des arbres, est couchée une lionne. Dans le fond à gauche on voit au milieu de quelques habitations une tour ronde, plus loin une haute montagne, et au dessus l'année 1516. La lettre L est en bas du même côté, vers le bord de l'estampe, et à peuprès à la hauteur des pieds du Saint.

Hauteur: 5 pouces, 8 lignes. Largeur: 4 pouces, 11 lignes.

111. *St Jerôme.*

Il est vu de face, la tête environnée d'une gloire, et assis à terre sur une estrade, ayant les jambes nues étendues vers la droite, et les coudes appuyés sur une espèce de soubassement ou piedestal continu qui lui sert de table. De la main droite, au dessous de laquelle on voit un rouleau tenant par deux cordons à un petit vase, il montre une tête de mort placée devant un livre ouvert qu'il soutient de l'autre main. Un livre fermé est vers le bord de l'estampe à gauche. A la droite une lionne couchée dont on ne voit que la tête entre les pattes, lui lèche le pied droit qu'il a croisé sous la gauche. Dans le fond du même côté on voit une fenêtre ronde, la rampe d'appui d'un escalier, et le bas d'une colonne sur un piedestal. Un rideau tiré est à gauche derrière le bras droit, dans la jointure duquel il serre un crucifix. A la face antérieure du soubassement est attaché un chapeau à larges bords rabattus, et à la face de côté, une tablette avec la lettre L et l'année 1521, dont pend une grosse houpe.

Largeur: 5 pouces, 5 lignes. Hauteur: 3 pouces, 9 lignes.

112. *S. Sebastien.*

Attaché à un arbre par des cordes qui

arrêtent les jambes, ainsi que les bras, dont le droit étendu est lié à une branche élevée, et le gauche replié derrière le tronc; il a la tête environnée d'une gloire, et le corps nud percé d'une flèche au bas de la poitrine. Au dessous de la hanche gauche du Saint on voit une seconde flèche, qui est entrée dans le tronc d'un autre arbre placé à côté du premier, mais plus mince. Dans le fond, à droite est une souche sur une petite élévation de terre, à gauche une plante à larges feuilles; le reste est blanc. Une tablette avec la lettre L est suspendue à une branche seche de l'arbre mince. Cette pièce est très terminée; elle est gravée dans le goût des premiers de Lucas, et paroît être de l'année 1508.

Hauteur: 3 pouces, 11 lignes. Largeur: 2 pouces, 8 lignes.

118. *S. Antoine l'hermite.*

Il est debout vêtu d'une simple et longue robe avec un capuchon, qui lui couvre la tête environnée d'une gloire. De la main gauche il soutient un livre ouvert sur lequel portent ses regards, et de l'autre il s'appuye sur un bâton. Vers le fond à droite on voit un pied avancé et la tête d'un cochon avec une cloche attachée à un collier, et du côté opposé, derrière un morceau de roc, en partie couvert par le bas de la robe du saint, on voit un montant de bois avec une traverse, dont pend aussi une cloche, au dessous de laquelle est marquée la lettre L sur un fond rembruni, où l'on apperçoit encore du même côté un rondin appuyé contre le roc, qui se prolonge jusqu'à la moitié de la hauteur, à peu près sur toute la hauteur de l'estampe. Cette pièce paroît avoir été gravée en 1521.

Hauteur: 4 pouces, 2 lignes. Largeur: 2 pouces, 10 lignes.

114. *Tentation de S. Antoine.*

Le Saint est assis sur une motte de terre, au pied de deux arbres, l'un gros, l'autre mince, accouplés et placés au milieu de l'estampe. Il a la main gauche posée sur un livre ouvert devant lui, et la droite levée avec deux doigts tendus, dirigés ainsi que ses regards vers une femme, qui est debout vis-à-vis de lui, tenant de la main droite un vase fermé, et que des cornes sortant des deux côtés du bonnet dont elle est coëffée, indiquent être le démon. Derrière le Saint à gauche paroît le toit d'une cabane, et plus loin on voit des rochers surmontés d'arbres et d'un vieux château. Derrière la femme est un paysage terminé par des montagnes. Sur une pierre qui est entre les deux figures, on lit l'année 1509.

et la lettre L. Lucas n'avoit que quinze ans, lorsqu'il a gravé cette belle pièce.

Hauteur : 6 pouces, 9 lignes. Largeur : 5 pouces, 5 lignes.

115. *S. Dominique.*

Il est représenté debout, un peu tourné vers la droite. Sa tête est environné d'une gloire. De la main gauche il tient un livre fermé, et de l'autre un bâton mince et long, terminé par un crucifix. Derrière lui est couché à terre un chien ayant en gueule une torche allumée, dont le flamme porte sur un globe surmonté d'une croix, et vu de moitié au bord gauche de l'estampe. Du même côté, vers le milieu de la hauteur, et au dessus d'un morceau de roc est la lettre L dans un fond rembruni. Cette pièce est touchée avec beaucoup de franchise, et paroît avoir été gravée vers l'an 1514.

Hauteur : 4 pouces. Largeur : 2 pouces, 8 lignes.

116. *S. Gerard Sagredius evêque et martyr.*

Il est debout et vu de face. Sa tête environnée d'une gloire est couverte de la mitre épiscopale. De la main gauche il tient un coeur percé d'une flèche, et de la droite, dans laquelle est une crosse, il releve par un bout

F

la chape dont est il revêtu. La lettre L est à gauche vers le bord de l'estampe, au dessus d'un mur bas devant lequel le Saint est placé. Le reste du fond est rempli par des traits horizontaux. Cette pièce paroît avoir été gravée vers l'an 1517.

Hauteur: 4 pouces. Largeur: 2 pouces, 7 lignes.

117. *S. François d'Assise.*

Avec les mains levées et la tête environnée d'une gloire il est à genoux, recevant par les traits qui partent d'un crucifix rayonnant, suspendu en l'air, et placé de biais au haut et à la droite de l'estampe, les stigmates de cinq playes. Au dessous du bras gauche on voit à terre une espèce de petit sac. Le fond est rempli par des troncs d'arbres, et au pied de celui devant lequel le crucifix paroît, on apperçoit un moine couvert de son capuchon, assis et appuyé par le dos contre la butte sur laquelle le Saint est placé. La lettre L est à gauche, au bas de l'estampe. Cette pièce qui est gravée dans le même goût que le S. Dominique ci-dessus Nro. 115, paroît être aussi de l'année 1514.

Hauteur: 3 pouces, 11 lignes. Largeur: 3 pouces, 1 ligne.

118. *S. George.*

Le Saint est vu de profil et dirigé vers la gauche. Il touche les bras de la princesse qu'il a délivrée, et qui est debout devant lui, essuyant ses larmes de la main gauche. Entre les deux figures est un agneau. Derrière S. George et devant trois arbres est un cavalier armé, avec un drapeau à la main, qui tient le cheval du Saint. Le lointain à gauche montre S. George combattant le dragon devant une caverne, et la princesse appuyée contre un des rochers qui terminent le fond de ce côté là. La tablette avec la lettre L est au pied du Saint, vers le milieu de l'estampe. Cette pièce ne peut avoir été faite que vers l'an 1508.

Hauteur : 6 pouces. Largeur : 4 pouces, 6 lignes.

119. *Marie Magdelaine se livrant aux plaisirs du monde.*

Cette estampe connue parmi les amateurs sous le nom de *la danse de la Magdelaine*, représente un riant paysage en collines parsemées d'arbres. Vers le milieu on voit, avec la tête environnée d'une gloire, S. Magdelaine conduite à la main par un homme. Ils dirigent leurs pas vers la droite en dansant au son d'une flute et d'un tambourin, dont jouent deux hommes près d'un gros arbre qui est vers la droite, et en avant duquel se présente un groupe de onze figures dont deux, un homme et une femme en vêtemens longs, tournant le dos à l'arbre, et conversant ensemble, marchent derrière. Quatre hommes assis à terre, au bord de l'estampe, parmi lesquels il y en a un vu de face, tenant des deux mains un papier, et un autre vu de profil, portant une cruche à la bouche. Entre ceux-ci et un homme serrant du bras gauche le corps d'une femme vue par le dos, est un morceau de roc servant d'appui aux bras d'une autre femme placée derrière, à côté d'un homme, et en avant d'une figure qui a la tête ceinte de feuillages, et les regards tournés vers le couple dansant. Celle-ci ainsi que les quatre autres sont assises à terre. A gauche, sur le devant, est un homme couché à terre, dont la tête repose dans le giron d'une femme assise au pied d'un arbre, derrière lequel on voit un personnage coëffé d'un capuchon avec de grandes oreilles s'avancer en élevant la main gauche, et dans l'action de passer devant quatre autres figures, deux femmes et deux hommes, placées un peu plus loin. Vers le fond et vers le milieu de l'estampe S. Magdelaine, toujours avec une gloire, est représentée à la tête d'une troupe de gens à cheval et à pied, courant le cerf qu'on voit

à droite, poursuivi par plusieurs chiens, fuir vers un bois où trois hommes dont un donne du cor, postés à la lisière, s'efforcent de l'empêcher d'entrer. Enfin on voit au fond, près du sommet d'un rocher fort élevé, l'ame de S. Magdelaine portée en l'air par quatre Anges. L'année 1519 et la lettre L sont marquées sur un écriteau qui est vers le bas, au milieu de l'estampe.

Cette belle pièce que Lucas a gravée dans le tems de sa plus grande force, est une de ses meilleures pièces. Les bonnes épreuves en sont extrêmement difficiles à trouver; elles se vendoient dès le vivant de Lucas un florin d'or, ce qui étoit pourlors un grand prix; mais depuis qu'elles sont devenues encore plus rares, le tems en ayant detruit la plus grande partie, le prix en a fort augmenté, et les curieux les font quelques fois monter à des sommes excessives.

Largeur : 14 pouces, 7 lignes. Hauteur : 10 pouces, 8 lignes.

120. *S. Magdelaine dans le désert.*

Elle est assise au pied d'un roc ombragé par le feuillage d'un arbre, et dirigée vers la droite. Une draperie couvre une partie de son corps d'ailleurs nud; ses cheveux flottent en l'air par dessus l'épaule gauche, et elle tient les deux mains jointes élevées. En haut, vers la droite, on voit dans les nues, au dessus d'un paysage qui fait le fond de l'estampe, Dieu le pere vêtu d'une chape, avec une tiare sur la tête, une longue barbe, les deux premiers doigts de la main droite levés, et un globe surmonté d'une croix dans la gauche, lançant du milieu du corps des rayons qui vont aboutir à la tête de Magdelaine. Vers le bas, à droite, tout-à-fait au bord de l'estampe, on apperçoit une petite figure qui paroît être un moine portant la besace, et monter la hauteur sur laquelle la Sainte est placée. Au milieu du bas est un écriteau avec la lettre L. C'est une des premieres pièces de Lucas, faite vers l'an 1508. Elle est mieux gravée qu'elle n'est dessinée.

Hauteur: 4 pouces, 2 lignes. Largeur: 3 pouces, 2 lignes.

121. *S. Magdelaine debout sur des nuages.*

Elle est vue de profil et dirigée vers la gauche. Une grande gloire qui se détache du fond rembruni de l'estampe, l'environne jusqu'à mi corps. Elle est vêtue d'une longue robe trainante, et un bout de draperie qui passe par dessus le bras gauche, flotte en l'air après elle, ainsi que les cheveux sortant

du bonnet dont la tête est couverte. De la main gauche elle tient un vase, et de l'autre un couvercle. Au milieu du bas est la lettre L, et dans le coin à droite, l'année 1518 écrite à rebours. Quelques auteurs ont cru voir dans cette pièce la représentation de Pandore avec la boîte d'où sortirent tous les maux de la terre.

Hauteur: 4 pouces, 6 lignes. Largeur: 2 pouces, 9 lignes.

Il existe une estampe de ce même sujet avec la marque I. V. M. et ces lettres l'ayant fait attribuer à *Israel van Mecheln* ont produit l'opinion, qu'elle étoit l'original, d'après lequel Lucas auroit gravé la sienne; mais indépendamment que cette estampe n'a rien de commun, ni avec la manière du dessein, ni avec la touche du burin d'*Israel van Mecheln*, la comparaison montre clairement, qu'elle n'est qu'une copie servile de celle de Lucas, faite par quelque graveur inconnu et de peu de mérite. Cette copie est de la grandeur de l'estampe originale de Lucas, mais gravée en sens contraire.

122. *S. Cathérine.*

Elle est représentée à mi-corps, avec une couronne sur la tête, et une gloire autour,

portant de la main droite un livre fermé, et de l'autre un glaive, et s'appuyant sur une roue. Cette pièce est gravée à l'eau-forte, et retouchée en quelques endroits au burin. La tête est presqu'entièrement gravée de cette dernière manière. En haut, dans le coin à gauche, est la lettre L, et dans celui à droite, l'année 1520.

Hauteur: 4 pouces, 2 lignes. Largeur: 2 pouces, 10 lignes.

SUJETS PROFANES.

123. Le moine Sergius tué par Mahomet.

TEL est le titre communément donné à l'estampe, où l'on voit vers la droite le corps d'un moine avec la gorge coupée, étendu près d'un vieillard vêtu à l'Orientale qui est assis à terre, et dort, ayant la tête appuyée sur son bras gauche lequel repose sur un tronc fourchu. Entre ses jambes pend le fourreau vuide de son épée, qu'un soldat qui s'avance au milieu des deux figures, est occupé à lui ôter. Le bourdon du moine est suspendu à un gros arbre qui est derrière lui, et devant la cabane ou cellule qui lui servoit d'habitation. A la lisière d'un bois, vers où le terrain s'élève de la droite à la gauche de l'estampe, sont placés trois hommes debout, et un quatrième assis et adossé contre un arbre qu'un cinquième derrière lui tient embrassé. Au milieu de l'estampe on apperçoit encore deux figures en partie couvertes par les bords de la hauteur, et plus loin deux autres à quelque distance d'une colline, au delà de laquelle un pays montueux garni de villes, et coupé par une grande rivière forme le lointain. Au bas, où l'on voit aux pieds du moine une tasse ronde, et à ceux de Mahomet le couvercle d'un vase de forme ovale, est vers le coin gauche un écriteau avec la lettre L, et plus vers le milieu, au dessous de la jambe droite de Mahomet, l'année 1508. Cette estampe est la premiere pièce de Lucas, que l'on trouve avec une date; mais comme elle est très bien gravée, et même assez correctement dessinée, l'on préjuge avec raison, qu'il en a dû graver beaucoup, avant que d'en venir à ce point là, et vraisemblablement plusieurs pièces décrites ci-dessus, et qui sont sans date, tels que le Samson, la resurrection de Lazare et autres, doivent être rapportées à ce tems antérieur.

Hauteur: 10 pouces, 8 lignes. Largeur: 8 pouces, 1 ligne.

124—130. Les sept vertus représentées par des femmes nues, qui sont toutes assises, et couronnées chacune par un Ange; en sept pièces d'une même grandeur, gravées en 1530. Hauteur: 6 pouces. Largeur: 4 pouces.

124 La Foi.

Elle est vue de face, tenant une croix de la main gauche, et de l'autre avec le bras

étendu touchant un calice surmonté d'une hostie, qui est placé sur un piedestal à la droite de l'estampe. Au bas, à gauche, on voit à terre, près des pieds de la figure, un livre ouvert, et plus loin un autre fermé et posé de champ; à droite est la lettre L, et plus vers le bord le mot *Fides* écrit en lettres capitales, à l'exception du D. La lettre S est à rebours.

125. *L'Esperance.*

Elle est représentée de profil et dirigée vers la droite, avec la jambe gauche étendue en avant, et l'autre repliée en arrière, les mains croisées et levées jusqu'à mi-corps, et le regard fixé sur des rayons qui dans le fond de l'estampe partent au ciel. Au bas, vers la droite, est la lettre L, et sous la jambe étendue, le mot *Spes* en lettres capitales.

126. *La Charité.*

Elle a la tête penchée vers le visage d'un enfant dont elle serre le corps du bras gauche, et soutient le pied de la main droite. Un autre enfant, debout derrière elle, a la main dans laquelle il tient une fleur, passée sur son épaule. Au bord du massif sur lequel elle est assise, et qui revient en équerre vers le devant à gauche, est un petit vase. De l'autre côté on en voit un plus grand placé sur une table ronde que supporte un cippe. Près de ce dernier vase est un fruit, et au dessus le mot *Caritas*, écrit en capitales, et la lettre S à rebours, sur une bandelette attachée à un pilier. Au pied de la table, vers le milieu, est la lettre L.

127. *La Prudence.*

Elle a les yeux fixés sur un miroir qu'elle tient de la main gauche appuyée sur son genou, qui est relevé par la position du pied sur un livre posé de champ à terre. L'autre jambe est repliée, et de la main droite elle tient par une des branches un compas ouvert. Au dessous du livre, vers le milieu de l'estampe, est la lettre L, et puis le mot *Prudencia* en lettres capitales. En haut, vers la gauche, est l'année 1530.

128. *La Justice.*

Elle est vue de profil, levant une balance de la main gauche, et de l'autre tenant un glaive. Son pied droit étendu porte sur un globe placé vis-à-vis d'elle, au bord de l'estampe, et le gauche avec une partie de la jambe est replié derrière le massif qui sert

de siege, et au devant duquel on voit deux livres fermés, l'un couché sur les moulures, l'autre appuyé. Un troisième est à terre au dessous du globe. La lettre L marquée au dessus du mot *Justicia*, écrit en lettres capitales, est vers la gauche du bas, et l'année 1530, vers la droite du haut de l'estampe.

129. *La Force.*

Elle a la main droite placée sur le fût d'une colonne rompue dont, avec la tête penchée vers l'épaule, elle regarde le chapiteau qu'elle tient de la main gauche. La lettre L est au milieu du bas de l'estampe, et vers la droite le mot *Vurtitudo*, en lettres capitales.

130. *La Temperance.*

Elle est vue de face, versant d'une cruche qu'elle empoigne de la main droite levée, de l'eau dans un tasse ronde dont elle tient le pied de la main gauche appuyée sur la cuisse. Au bas, vers le milieu de l'estampe, on lit le mot *Temperancia*, écrit en lettres capitales, et vers la droite est la lettre L.

131. *Lucrece.*

Elle est représentée nue, avec de longs cheveux épars, dans l'action de se percer le sein d'une épée qu'elle tient des deux mains, et dont le pommeau porte sur un piédestal qui paroît en partie au bord droit de l'estampe, et montre sur la face antérieure une tablette avec la lettre L. Cette pièce paroît avoir été gravée vers l'an 1512.

Hauteur : 4 pouces, 3 lignes. Largeur : 2 pouces, 7 lignes.

132. *Pyrame et Thisbé.*

Vers la droite, sur le devant, est le corps de Pyrame étendu à terre, et un plus en arriere, vers la gauche Thisbé, se jettant sur une epée dont elle dirige la pointe vers son sein de la main gauche, tandisque de l'autre elle essuye ses larmes. Dans le lointain du même côté on apperçoit, sur une hauteur couronnée d'arbres, un lion avec le museau, et les pattes sur un voile. De l'autre côté, dans un petit éloignement, derrière le corps de Pyrame, et près de deux arbres dont il ne paroît que les tiges au bord de l'estampe, on voit une fontaine jaillissante, entourée d'un bassin sur lequel la lettre L et l'année 1514 sont marquées.

Largeur : 5 pouces, 11 lignes. Hauteur : 4 pouces, 4 lignes.

133. *Le poëte Virgile suspendu dans un panier.*

Le sujet principal est représenté vers le fond de l'estampe, où l'on voit suspendu dans un panier hors d'une fenêtre d'un bâtiment fort élevé et adossé à une haute tour ronde, un homme en bonnet de nuit qu'une femme placée à la fenêtre joignante regarde, et à quoi paroissent occupées aussi plusieurs autres figures rangées sur le terrein au bas de l'édifice, en deux groupes, l'un à droite, l'autre vis-à-vis de la maison. Les deux figures assises qu'on apperçoit sous un auvent près de la porte, semblent indiquer la conversation de la courtisane avec le poëte, pour l'engager à passer la nuit avec elle. Sur le devant, à gauche, sont trois enfans dont deux assis à terre, et le troisième debout et vu par le dos, montre du doigt le poëte suspendu, ce qui fait aussi un homme, vû de même par le dos, et placé plus loin, près d'un mur d'appui, et d'un autre homme tourné vers lui. A droite on voit une femme assise que caresse un enfant porté par une vieille appuyée sur une béquille, et derrière celle-ci, un homme qui, du geste qu'il fait de la main droite, paroît diriger les regards empressés de deux autres près de lui, sur le poëte qu'un quatrième placé près d'une jeune fille vue de face contemple plus tranquillement par la fenêtre d'un grand vestibule, devant et dessous lequel toutes ces figures sont rangées, et qui s'étend par le travers jusqu'au delà du milieu de l'estampe. Le fait représenté ici est rapporté dans une vie de Virgile *) avec plusieurs autres fables qui ne méritent pas plus de croyance; mais *Lucas* vivoit dans un siècle et dans un pays peu éclairé. On s'y repaissoit volontiers de pareils contes, et celui-ci étoit tellement en vogue, qu'on en a publié encore d'après un autre dessin de Lucas une planche en bois, et que plusieurs maîtres de son tems ont aussi traité ce sujet dans leurs estampes. Celle-ci a été gravée en 1525; elle est exécutée avec un grand art; la manière en est plus vive et plus brillante qu'à l'ordinaire, et du côté du dessin c'est aussi un de ses meilleurs ouvrages; il s'y trouve des airs de têtes et des attitudes de figures qui ne seroient pas desavoués par les plus grands maîtres. La lettre L et l'année 1525 sont marquées sur une grosse pierre que l'on voit au bas, sur le devant, vers le coin à gauche.

Hauteur: 8 pouces, 10 lignes. Largeur: 7 pouces

Il y a quelques auteurs qui prétendent,

---

*) Albert d'Eib, marguérithe poëtique.

que le sujet de cette estampe est Saul (l'Apôtre S. Paul) que les disciples descendent, durant la nuit, le long de la muraille dans une corbeille, pour le faire echapper aux Juifs de Damas qui avoient formé un dessin contre sa vie, et qui faisoient garde jour et nuit aux portes*). Mais on n'a qu'à jetter un coup d'oeil sur l'estampe, pour se convaincre de la fausseté de cette explication. La descente de Saul dans la corbeille se fit durant la nuit, pour éluder la vigilance des Juifs qui le gardoient et observoient. Dans l'estampe est plein jour, et toutes les figures qui entrent dans la composition de cette pièce, dirigent le regard sur la corbeille, et toutes voient donc ce qui se passe.

Vasari fait un grand éloge de cette estampe; il rapporte, qu'*Albert Durer* avoit été tellement frappé de la beauté de cette pièce, qu'il se sentit pressé d'en publier une autre qui put concourir avec celle de *Lucas*; et c'est là dessus qu'il a gravé la célèbre estampe connue sous le nom du *cheval à la mort*.

134. *Vénus et Mars.*

Vénus vue de face est à gauche, soutenant sa tête du bras droit accoudé sur un

---

*) Actes des Apôtres, Chap. IX.

piédestal, et de l'autre caressant l'Amour qui est debout sur le massif où elle est assise, et dont l'arc est à terre entre les jambes de la déesse. Elle regarde Mars qui est assis à la droite de l'estampe, ayant à ses pieds son bouclier et son casque, et le bras gauche étendu, pour tenir un grand et large glaive dans une position perpendiculaire avec la pointe en bas. Dans le coin à gauche, sur le devant, on voit la moitié d'un globe, et la lettre L avec l'année 1530 au dessus, est marquée sur un fond blanc entre un rideau qui est derrière Vénus, et une colonne dont il ne paroît que la base avec une partie du fût posant sur un mur qui est derrière Mars. Cette belle pièce qui est du nombre de celles, que Lucas a faites durant le peu de relâche que lui laissoit une longue maladie, est une des mieux gravées de son oeuvre.

Largeur: 9 pouces, 1 ligne. Hauteur: 7 pouces.

135. *Vénus et l'Amour.*

Vénus avec les cheveux flottans en avant est assise sur des nuages, et présente à l'Amour assis vis-à-vis d'elle, une flèche qu'il saisit de la main droite; de la gauche il tient son arc debout, et son carquois est près de lui. Un autre Amour en l'air, volant vers la gauche, porte une longue banderole, sur la-

quelle on lit: *Venus la tres belle déesse d'A-
mours*. Entre celui-ci et l'Amour assis on voit
l'année 1528, et au dessous la lettre L. Cette
pièce est un des moindres ouvrages de Lucas.

Hauteur: 6 pouces. Largeur: 4 pouces, 3 lignes.

136 *Pallas*.

La déesse est représentée assise sur des
pierres, avec le visage tourné vers la droite;
sa main gauche porte sur son égide, placé debout, et de l'autre elle tient une lance appuyée contre son épaule. Cette planche a été
le dernier ouvrage de Lucas; il y avoit travaillé durant le cours d'une longue maladie
qui le faisoit languir depuis plusieurs années;
mais il ne paroît pas, qu'il ait pu la finir
avec soin; car il y a des endroits qui sont né-
gligés, et d'autres qui ne sont pas entièrement terminés. L'on dit que sentant appro-
cher sa fin, il demanda à voir sa planche, et
que se l'étant fait apporter, il regarda avec
intérêt la dernière production d'un talent
qu'il avoit cultivé toute sa vie avec autant
d'ardeur que de succès.

Hauteur: 4 pouces, 4 lignes. Largeur: 2 pouces,
10 lignes.

137. *Un Enseigne*.

De la main droite il porte un drapeau

déployé, et de la gauche il serre la garde de son épée. La figure est admirablement bien posée, et la gravûre de cette estampe étant fort terminée, et dans la manière du Christ montré au peuple (Nro. 68) on peut la rapporter aussi à l'année 1510. La lettre L est au milieu du bas de l'estampe.

Hauteur: 4 pouces, 4 lignes. Largeur: 2 pouces, 7 lignes.

138. *Quatre guerriers dans une forêt.*

Des deux qui marchent devant avec des piques sur l'épaule, celui à droite est enveloppé dans un manteau, l'autre avec la jambe droite nue jusqu'au dessus du genou, a la main gauche sur la garde de son épée. Derrière celui-ci est le troisième qui porte un drapeau, et a le visage tourné vers le quatrième dont on voit la tête entre les épaules des deux premiers. Cette pièce paroît être gravée vers l'an 1508.

Hauteur: 4 pouces, 3 lignes. Largeur: 3 pouces, 2 lignes.

139. *Un jeune homme à la tête d'une troupe de gens armés.*

Il a la main droite dans le sein, et tient de l'autre une des manches pendantes de sa

robe. Il paroît écouter avec attention un homme qui est à sa gauche, et qui lui parle le bonnet à la main. Entre ces deux figures on voit la tête d'un homme placé derrière, et à chaque côté de celui-ci, vers les deux bords de l'estampe, un peloton de trois hommes parlant ensemble. En bas, vers la gauche, est un écriteau avec la lettre L.

Comme le travail de cette belle pièce offre précisément la même manière, que l'estampe de l'enfant prodigue (Nro. 75.) on peut la rapporter aussi à l'époque, où celle-ci paroît avoir été gravée, c'est-à-dire, à 1510.

Hauteur: 4 pouces, 1 ligne. Largeur: 2 pouces, 11 lignes.

140. *Les gueux.*

Un gueux assis à la gauche sur un morceau de roc, tend la main pour recevoir une écuelle que lui présente un autre gueux debout vis-à-vis de lui. Tous deux ont un long bâton à la main, et la calebasse sur le dos. En avant du premier est une femme assise à terre, qui a la main gauche dans son sein, et derrière le second, au bord droit de l'estampe, est un arbre sec, à une branche duquel est suspendue une tablette avec la lettre

L. Cette pièce paroît avoir été gravée vers l'an 1508.

Hauteur: 4 pouces, 1 ligne. Largeur: 2 pouces, 11 lignes.

141. *La promenade.*

Un homme tenant sous son bras droit la main gauche d'une femme qui a la tête penchée vers lui, et la main droite étendue, marche vers la gauche, le long d'une rivière où l'on voit un bâteau avec des rameurs. Le lointain au delà présente un bord escarpé devant une maison située au pied d'une montagne qui termine l'horizon. Un buisson d'où s'éleve la tige d'un arbre, est au bord droit de l'estampe derrière l'homme, aux pieds duquel est placée la lettre L. L'année 1520 est marquée de l'autre côté au dessus de la montagne.

Hauteur: 4 pouces, 3 lignes. Largeur: 2 pouces, 8 lignes.

142. *Le Seigneur et la Dame.*

Le Seigneur porte un faucon sur la main droite, et de l'autre fait un geste en regardant la Dame qui marche à côté de lui. Leurs pas sont dirigés vers la droite. La lettre L retournée est au bas de l'estampe, un peu vers la gauche. Cette pièce d'un tra-

vail sec est une des premieres productions de Lucas, et paroît être de l'année 1508.

Hauteur: 4 pouces, 2 lignes. Largeur: 3 pouces, 2 lignes.

143. *La Dame au bois.*

Un paysan tenant son chapeau de la main gauche, marche dans un bois, à côté d'une Dame suivie d'une servante, qu'un autre homme avec le chapeau sur la tête conduit par la main. Leurs pas sont dirigés vers la droite. La lettre L est au bas, vers le coin gauche. Cette pièce paroît être du nombre de celles qui ont été gravées vers l'année 1509.

Hauteur: 4 pouces. Largeur: 2 pouces, 11 lignes.

Il y a une copie de cette estampe gravée par *Wierix* à l'âge de douze ans. Elle est du même sens que l'original, et de la même grandeur, mais au lieu de la marque de Lucas on y lit: Æ. 12, c'est-à-dire: Aetatis XII.

144. *L'homme à la torche.*

Un homme ayant à la main droite une torche allumée dont le bout porte à terre, marche à côté d'une femme qu'il tient par le corps. Leurs pas sont dirigés vers la gauche, et ils sont suivis par un homme armé d'un sabre, qui serre des deux mains une massue appuyée sur son épaule gauche. Le fond de l'estampe présente un mur de brique avec trois fenêtres, à l'une desquelles placée à gauche, et plus bas que les deux autres, dont on n'apperçoit qu'une partie, on voit la tête et les épaules d'un homme qui regarde les passans. La lettre L est marquée sur une bourse plate avec deux houpes, que l'homme qui conduit la femme, a devant lui attachée à une ceinture. Cette estampe est d'une taille extrêmement fine, et paroît être de l'année 1508.

Hauteur : 4 pouces, 5 lignes. Largeur : 3 pouces, 3 lignes.

145. *Un homme et une femme assis dans une campagne.*

La femme placée à gauche en arrière, et vue de face, tend la main pour recevoir un vase que lui présente l'homme placé plus en avant à droite, vu presque par le dos. Le paysage est terminé par une montagne, sur laquelle on voit un chateau carré, flanqué de tours, et environné d'arbres. Vers la gauche du haut est l'année 1520, et à la droite du bas, la lettre L.

Hauteur : 4 pouces, 3 lignes. Largeur : 2 pouces, 9 lignes.

SUJETS PROFANES.

146. *Les pélerins.*

Une femme couchée à terre avec les jambes repliées, s'appuyant sur le bras gauche, et tenant de la main droite son bourdon, a les yeux fixés sur une poire qu'un homme assis près d'elle est occupé à peler. Celui est placé à la droite, au pied d'un arbre; son bourdon qui ne paroît qu'en partie, est à terre près de lui, et sa tête est couverte d'un bonnet fourré. La femme est coëffée d'un chapeau rond par dessus la cornette. Vers le fond qui représente un paysage avec des montagnes, des rochers et quelques arbres, on voit à gauche cheminer un autre homme avec une grande barbe, un bourdon à la main droite, et à l'autre un chapelet. La lettre L est au bas de l'estampe, un peu vers la gauche. Cette pièce est une des premieres productions de *Lucas*, et a été gravée, suivant toutes les apparences, avant l'année 1508.

Hauteur: 5 pouces, 7 lignes. Largeur: 4 pouces, 5 lignes.

147. *L'anneau nuptial.*

Ce morceau représente un homme avancé en âge, mettant un anneau au doigt d'une jeune femme. L'homme vu à mi-corps et par le dos, est placé sur la droite de l'estampe. Il est vêtu d'une robe à manches très larges; sa tête de profil est coëffée d'un chapeau plat, et tournée vers la femme. Celle-ci assise vis-à-vis de lui, devant une espèce de table qui occupe le bas de l'estampe, est vue presque de face; elle pose sa main gauche sur l'épaule de l'homme, et lui présente l'autre pour recevoir l'anneau qu'il met à l'index. Le haut de l'estampe est bordé par un ceintre d'où descend un rideau retiré vers la droite. La lettre L est marquée au bas de la gauche, sur le bord de la table. Ce morceau rare, gravé à l'eauforte d'une main très ferme, et avec un grand soin, paroît avoir été fait dans le même tems que le portrait de l'Empereur Maximilien (Nro. 170.) c'est-à-dire en 1520, et se distingue par une netteté dans le travail, qui semble n'être propre qu'au burin seul.

Hauteur: 6 pouces. Largeur: 4 pouces, 9 lignes.

148. *Le fou.*

Une femme assise au pied d'un arbre, paroît vouloir se défendre de l'embrassement d'un fou, qui est caractérisé par son habillement et la marotte qu'il tient de la main gauche. Ces deux figures sont à mi-corps. Au dessus de la tête du fou est marquée l'année 1520, et vers le coin de la gauche la lettre

SUJETS PROFANES.

L. Cette pièce est gravée à l'eau-forte, et terminée en quelques endroits au burin.

Largeur : 3 pouces, 11 lignes. Hauteur : 2 pouces, 9 lignes.

149. *La vieille avec la grappe de raisin.*

Une vieille femme vue de face et à mi-corps, tient dans la main gauche une grappe de raisin dont elle prend un grain de la main droite. Dans les hachures qui couvrent le fond, on apperçoit, à la droite du haut, la lettre L. Cette pièce est admirablement bien touchée; elle est du meilleur tems de *Lucas*, et paroît avoir été faite vers l'an 1523.

Hauteur : 4 pouces. Largeur : 2 pouces, 11 lignes.

150. *Le garçon avec la trompe.*

Un garçon nud est assis à gauche au pied d'une roche qui fait saillie par dessus sa tête, et embouche une trompe, au son de laquelle deux enfans, nuds aussi, dansent en se tenant les mains. Le fond représente un paysage. A la gauche du bas est une tablette avec la lettre L. C'est une des pièces de *Lucas*, qui paroissent avoir été faites dans sa plus grande jeunesse, et avant 1508.

Hauteur : 4 pouces, 1 ligne. Largeur : 3 pouces.

151. *La femme et la biche.*

Une femme nue, ayant une branche d'arbre appuyée contre son épaule droite, les cheveux flottans, et la tête ceinte d'un drap, dont les bouts forment plusieurs replis autour de son corps, est placée de profil avec les jambes écartées, et dirigée vers la gauche, où l'on voit la tête, le cou, et un pied d'une biche, à qui elle donne du fruit à manger. Le fond est blanc. L'année 1509 est marquée en haut au milieu de l'estampe, et la lettre L est en bas un peu vers la gauche.

Hauteur: 3 pouces, 11 lignes. Largeur: 2 pouces, 8 lignes.

152. *La femme et le chien.*

Une femme nue avec les cheveux retroussés et attachés au milieu de la tête, est assise au pied d'un arbre, et cherche des puces à un chien dont la tête est couchée sur sa cuisse droite. A gauche, vers le fond qui est blanc, on voit quelques plantes, et de l'herbe sur une motte de terre, et à droite, au bas de la tige de l'arbre qui borde l'estampe, est un écriteau avec l'année 1510 et la lettre L.

Hauteur: 3 pouces, 11 lignes. Largeur: 2 pouces, 8 lignes.

153. *Les musiciens.*

Un homme assis à gauche, au pied de deux arbres, est occupé à accorder une guittare au ton d'un violon dont une femme assise aussi, mais un peu en arrière et à droite, fait resonner les cordes. Au dessus d'elle est marquée l'année 1524, et à la même hauteur, au milieu de l'estampe, on voit au dessus d'une haye qui paroît entre les deux figures, la lettre L écrite à rebours. Sur le devant, aux pieds de l'homme, est une sandale. Cette pièce est une des plus artistes et des mieux gravées de *Lucas.*

Hauteur : 4 pouces, 4 lignes. Largeur : 2 pouces, 9 lignes.

154. *Le chirurgien.*

Un paysan exprime par le geste et la physionomie la douleur causée par l'opération, que lui fait derrière l'oreille un homme placé sur un siege à large dossier, entre les jambes duquel il est assis à terre. Au bord à droite est une petite armoire avec un bassin par dessus. Une voûte prolongée fait le fond de l'estampe, où l'on voit en haut, à gauche, la lettre L écrite à rebours, et de l'autre côté l'année 1524. Cette pièce est encore un des morceaux distingués de *Lucas*.

Hauteur : 4 pouces, 4 lignes. Largeur : 2 pouces, 9 lignes.

155. *L'opérateur.*

A côté d'une perche qui est au bord gauche de l'estampe, et d'où pend, au dessous d'un drapeau, un écrit avec un sceau, et près d'une table couverte d'une nappe où sont étalées différentes drogues, le charlatan travaille avec un instrument dans la bouche d'un paysan dont il soutient la tête de la main gauche, et que la douleur empêche de s'apperçevoir, qu'une jeune fille placée derrière lui fouille dans sa bourse. Aux pieds du charlatan est un flacon applati à deux anses, au dessus du paysan la lettre L, et plus haut l'année 1523. Cette pièce a le même mérite que les deux précédentes.

Hauteur : 4 pouces, 4 lignes. Largeur : 2 pouces, 9 lignes.

156. *La laitière.*

Une paysanne tenant de la main gauche son chapeau, et portant de l'autre un seau, paroît s'avancer du côté droit, pour traire une vache qui est placée en travers, au milieu de l'estampe, avec la tête vers le côté opposé, où est un paysan qui l'arrête par une

SUJETS PROFANES.

corde attachée aux cornes. Un long bâton est appuyée contre son bras gauche, et la main est posée sur un tronc, entre lequel et un arbre sec qui est près d'une maison, on voit une seconde vache marcher à la suite d'une troisième dont on ne voit que le corps, au devant de quelques arbres qui s'élèvent à la droite. Entre ceux ci et la tête de la seconde vache tournée de face, on découvre une partie d'enclos, et par delà, des montagnes marquées au trait. Une tablette avec la lettre L et l'année 1510, est au milieu de l'estampe, vers le bas. Ce morceau est très rare, et il y a peu des pièces dans l'oeuvre de *Lucas*, qui soient aussi bien dessinées que celle-ci. Ce qu'on doit y admirer le plus, est la figure de la laitière dont l'attitude exprime si bien l'effet du poids qu'elle porte.

Largeur : 5 pouces, 9 lignes. Hauteur : 4 pouces, 3 lignes.

157. *L'Espiègle (Uylenspiegel).*

Cette estampe représente un homme jouant de la cornemuse, et cheminant vers le devant de la gauche. Il porte sur le dos deux enfans dans une hotte, un troisième est sur l'épaule droite d'une femme qui marche à côté de lui, et conduit par la bride un âne chargé de deux paniers où sont trois autres enfans.

Cette famille est précédée par l'Espiegle, sous la figure d'un petit garçon qui, avec la tête couverte d'un capuchon et un hibou perché sur son épaule, porte de la main droite une cruche, et de la gauche tient un bâton. Pas loin de lui, sur le devant, est un chien. Dans le fond à gauche paroît un château sur une hauteur, dont la pente s'étend jusqu'à la droite, vers trois arbres placés un peu plus en avant, de l'un desquels sort une branche seche qui est prolongée au delà du milieu de l'estampe, et passe par dessus l'endroit où est marquée l'année 1520, et plus bas, la lettre L.

Hauteur : 6 pouces 5 lignes. Largeur par en haut : 5 pouces, 2 lignes ; par en bas 5 pouces, 3 lignes.

Ce morceau est d'une telle rareté, qu'il manque à beaucoup des plus riches collections. Il ne paroît pas cependant qu'on doive en attribuer la cause à la beauté de l'ouvrage, *Lucas* en ayant fait plusieurs autres fort au dessus de celui-ci, mais bien plutôt à la perte de la planche, qui probablement a eu lieu, avant qu'on n'en eut tiré beaucoup d'épreuves. Du moins est il sûr qu'elle n'exista plus en 1644, où *Hondius* publia une copie de l'estampe avec l'inscription suivante :

Dees eerste Vorm is weeh, men vinter geen voor ons,
Want een papiere druck, gelt vyftich Ducatons.
Hondius excudit 1644.

C'est-à-dire: Le moule (la planche) n'y est plus; il n'y a point d'épreuve à trouver pour nous, car elle vaut cinquante ducatons.

Sandrart, qui écrivoit vers l'an 1670, rapporte, que le même Envoyé de Suède dont il a été fait mention à l'article (Nro. 17.) avoit payé une épreuve de l'Espiegle au prix de 200 écus.

Cette estampe ayant été si rare déja dans ces tems là, on peut en juger, combien plus encore elle doit l'être aujourd'hui; et effectivement elle l'est à un si haut dégré, qu'on peut la considérer comme la plus rare de toutes les estampes existantes. L'auteur de ce catalogue n'en a jamais vu que trois épreuves: celle de la bibliothèque impériale, une seconde qui est à Paris à la bibliothèque du Roi, et que *Marolles* avoit cru unique en France, et la troisième qui se trouve dans la fameuse collection de feu Mr. *van Leyden*. La première surpasse pour la beauté d'épreuve et sa bonne conservation de beaucoup les deux autres.

Parmi les copies de cette estampe, dont il y en a plusieurs, et où généralement on voit une touche de burin qui ne rassemble en rien à celle de Lucas, il en existe une

H

qui approche tant de l'original, que des connoisseurs, même les mieux exercés, qui n'auroient pas l'occasion de confronter l'une avec l'autre, pourroient y être trompés. Pour les en garantir, on indiquera ici quelques différences que présente cette copie, et par lesquelles on peut la connoître avec certitude.

Ces différences se montrent principalement dans les chiffres qui marquent l'année, dans la lettre L, et dans la branche seche. (Voyez cette planche.)

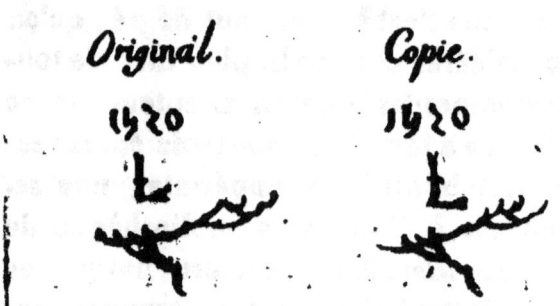

Observez d'abord les chiffres de l'année. Le bout inférieur du chiffre 1 se termine dans l'original en une pointe, et il est courbé vers la droite. Dans la copie ce même bout est arrondi et courbé vers la gauche. La première ligne perpendiculaire du chiffre 5 consiste dans l'original en un simple trait noir; dans la copie ce même trait est double et fendu par le haut.

SUJETS PROFANES.

La partie perpendiculaire de la lettre L est dans l'original presque noire, parceque les deux traits qui la composent, sont fort serrés; dans la copie au contraire cette même partie est faite de deux lignes qui se distinguent très bien l'une de l'autre, et dont celle en dedans est plus courte.

Pour les différences dans la branche seche, elles se font remarquer dans le dessein plus clairement qu'on ne les sauroit décrire.

La copie à la même largeur que l'original, mais sa hauteur n'est que de 6 pouces, 4 lignes.

158. *Tête d'un guerrier.*

Elle est armée d'un casque, représentée de profil, et dirigée vers la gauche, dans une espèce de médaillon, au milieu de quelques rinceaux d'ornemens. L'année 1527 et la lettre L au dessous sont marquées sur un cartouche qui est au bas du médaillon.

Hauteur: 4 pouces, 4 lignes. Largeur: 2 pouces, 10 lignes.

159. *Une composition d'Ornemens.*

Ils sont du goût de ceux qui étoient en usage dans le tems de Lucas. Il y a introduit, entre autres choses, une tête de bélier décharnée et deux espèces de poissons fantastiques qui se regardent et viennent se rejoindre par le bas. L'année 1527 est au milieu du haut, et la lettre L au milieu du bas de l'estampe.

Hauteur : 4 pouces, 1 ligne. Largeur : 2 pouces, 11 lignes.

160. *Une composition d'ornemens.*

Au milieu est représenté un homme ailé qui tient de la main gauche un caducée, et qui est accroupi sur un plateau placé entre deux Sphinx debout qui se terminent en rinceaux. Ces ornemens sont sur un fond noir. En bas, vers le milieu, on lit sur une boule l'année 1528, et dessous la lettre L.

Largeur : 4 pouces, 5 lignes. Hauteur : 3 pouces.

161. *Deux rinceaux sur une planche.*

La planche est divisée par une ligne horizontale en deux sections égales, dont chacune a la hauteur d'un pouce, 5 lignes, et contient un rinceau. Dans la section supérieure le feuillage est dirigé de la gauche vers la droite. Dans la section inférieure il l'est de la droite vers la gauche, et entortillé autour d'une branche d'arbre fort droite, au milieu de laquelle une tourterelle est assise. Plus bas sont deux

enfans nuds qui semblent se balancer sur les extrêmités des ornemens. A droite, vers le coin du haut, est la lettre L. Cette pièce paroît avoir été gravée vers l'an 1529.

Largeur: 4 pouces, 3 lignes. Hauteur: 2 pouces, 10 lignes.

162. *Un panneau d'ornemens.*

Au bas sont deux Sirenes qui se regardent dans des miroirs, et dans la partie supérieure on voit deux animaux chimériques accroupis, au milieu desquels est assis un homme ailé vu par le dos, qui tient un trident de la main droite. Cette composition d'ornemens est sur un fond noir. La lettre L est au milieu, et l'année 1528 au bas de l'estampe.

Hauteur: 4 pouces, 5 lignes. Largeur: 2 pouces, 10 lignes.

163. *Les enfans guerriers.*

Cette estampe représente deux enfans dont l'un porte un grand casque, l'autre un drapeau deployé. Ils marchent, et leurs pas sont dirigés vers la droite. La lettre L et l'année 1527 se trouvent près du bord de la droite, au dessous du bâton du drapeau.

Hauteur: 4 pouces, 4 lignes. Largeur: 2 pouces, 9 lignes.

SUJETS PROFANES.

164. *Un écusson vuide.*

Il est tenu par deux enfans, dont celui à la droite, qui met le pied gauche sur un casque, porte un guidon, et l'autre, qui a un genou à terre, tient un oiseau attaché à un fils. Vers le bas à gauche on voit une tablette avec la lettre L appuyée contre un mur. Cette pièce paroît avoir été gravée vers l'an 1519.

Largeur : 3 pouces, 11 lignes. Hauteur : 3 pouces, 1 ligne.

165. *Un écusson rempli par un mascaron.*

Il est supporté par deux génies ailés dont celui à gauche est armé d'une cuirasse. A la hauteur de sa hanche droite est la lettre L, et au dessous de la pointe de l'écusson l'année 1527.

Largeur : 4 pouces, 3 lignes. Hauteur : 2 pouces, 10 lignes.

166. *Les armes de la ville de Leyde au milieu de quatre ronds.*

Ces ronds renferment autant de génies, dont l'un (celui d'en bas à gauche) est assis sur un casque, un autre (celui d'en haut du même côté) en souleve un du piedestal où

il étoit placé, un troisième (celui d'en haut à droite) qui est couronné de laurier et assis sur une butte de terre, a la main gauche sur un écusson, et s'appuye de la droite sur un bâton; et le quatrième enfin (celui d'en bas à droite) tient une banderole qui lui passe entre les jambes, et revient par derrière la tête sur son épaule droite. Au milieu, dans un cinquième rond moins grand, sont les armoires de la ville de Leyde, qui sont deux clefs passées en sautoir. La lettre L est vers le milieu du bas de la planche. Cette pièce semble être de l'année 1510.

Largeur: 4 pouces, 1 ligne. Hauteur: 3 pouces.

167. *Deux rinceaux d'ornemens.*

Ils sont placés l'un à côté de l'autre. Au milieu de celui à gauche est un Triton, et dans l'autre une Sirene, qui portent chacun un écusson. Au milieu, vers le bas de la planche, est un écriteau avec la lettre L. Cette pièce paroît être de la même année que la précédente, c'est-à-dire de 1510.

Largeur: 4 pouces, 1 ligne. Hauteur: 2 pouces, 1 ligne.

168. *Deux ronds.*

Dans l'un (celui de la gauche) est un Amour qui va à la chasse, et dans celui qui est à côté, un Amour portant sur le dos un autre qui sonne du cor. Ces deux ronds sont contigus, et sur une même planche. Au milieu du bas est un écriteau avec la lettre L. Cette pièce paroît avoir été gravée vers l'an 1517.

Largeur: 4 pouces, 4 lignes. Hauteur: 2 pouces, 6 lignes.

169. *Deux ronds.*

Ils sont formés par des rinceaux d'ornemens, dans chacun desquels est représenté un Amour assis sur des nuées, dont celui à droite montre du doigt une girouette qu'il tient à la main, et l'autre touche un globe avec une baguette. Entre ces deux ronds qui sont aussi contigus et sur la même planche, on voit vers le haut un écriteau avec la lettre L, et vers le bas un autre avec l'année 1517.

Largeur: 4 pouces, 4 lignes. Hauteur: 2 pouces, 10 lignes.

170. *Le portrait de l'Empereur Maximilien I.*

Il est représenté à mi-corps, et dirigé vers la gauche. En haut dans le fond, un peu vers la gauche, on voit sur un pan de mur une petite figure vetue et coëffée en bouffon, qui est debout, ayant un animal renversé sur le dos entre ses jambes, et qui tient un écri-

teau avec la lettre L et l'année 1520. On voit deux figures pareilles se tenant par les mains, autour du bas d'une colonne qui est au bord de la droite. Lucas peignit ce portrait, lorsque Maximilien vint à Leyde, mais il ne le grava qu'en 1520, et il y avoit alors un an, que cet Empereur étoit mort. Il en fit la tête entièrement au burin, et tout le reste à l'eau-forte, se servant du burin en quelques endroits, pour retoucher et donner de l'accord. C'est la pièce la plus considérable qu'il ait gravée de cette sorte; c'est aussi un des plus beaux ouvrages, et en même tems un des plus rares. *Sandrart* et tous les autres auteurs qui ont écrit sa vie, en font un cas singulier.

Hauteur: 9 pouces, 8 lignes. Largeur: 7 pouces, 2 lignes.

171. *Le portrait de Lucas de Leyde.*

Il est représenté en buste, avec un chapeau sur la tête, et un habit de moire doublé de fourrure. Il est vu presque de face, et dirigé un peu vers la gauche. Ce portrait est dessiné et gravé à l'eau-forte par lui-même en 1525, étant alors âgé de trente un ans. Il est touché d'une manière légère et spirituelle. Au milieu de la planche, vers la gauche, est la lettre L placée entre les chiffres de l'année 1525; et au bas de la planche on lit: *Effigies Lucæ Leidensis propria manu incidere.*

Hauteur: 6 pouces, 5 lignes. Largeur: 5 pouces, 3 lignes.

172. *Portrait d'un jeune homme.*

Il est représenté à mi-corps, avec une toque garnie de plumes sur la tête, et tient sous une robe à manches pendantes une tête de mort, vers laquelle il fait signe de sa main droite. A gauche du bas est la lettre L.

Hauteur: 6 pouces, 10 lignes. Largeur: 5 pouces, 6 lignes.

Ce portrait passe ordinairement pour être celui de Lucas. Tous ceux qui ont écrit sa vie, l'affirment, et prétendent, qu'il le fit dans sa jeunesse. Cependant il faut avouer, qu'il ressemble bien peu à tous les portraits que l'on a de lui. D'abord ce ne sont pas les mêmes traits, et d'ailleurs il s'est toujours représenté avec des cheveux fort courts et fort droits; ici c'est tout le contraire: il porte une chevelure extrêmement frisée, et assez longue. Mais quoiqu'il en soit, il est parfaitement bien gravé, et dans une manière qui fait reconnoître le tems, auquel il a pu être fait; c'est la même que celle du sujet de Vir-

gile Nro. 133, et il y a grande apparence, qu'il a été gravé dans la même année 1525.

PIECE DOUTEUSE.

La famille surprise par la mort.

Autour d'une table qui est à la gauche de l'estampe, devant quelques arbres, et sur laquelle il y a un pot à fleurs, une petite boëte et quelques pièces de monnoie, on voit rassemblés une jeune fille, un homme à tête nue et visage plein, une vieille femme, et puis un autre homme d'un âge avancé, et coëffé d'un bonnet, avec deux enfans devant lui, qui paroissent tous ne faire qu'une même famille. Les regards de la vieille femme sont dirigés sur un sable qu'avance vers elle la mort représentée sous une forme hideuse, avec la tête couverte d'un drap blanc, tandisque l'homme âgé, qui de la main gauche tient un gobelet, a les yeux fixés sur une tête de mort avec une boussole de cadran par dessus, que porte une jeune femme conduite par la mort dont le bras gauche est appuyé sur son épaule. Il semble, que cette jeune personne qui est couronée de romarin, désigne une fille déja morte qui vient annoncer la dernière heure à ses parens. Vers le haut de l'estampe est un génie en l'air, qui décoche une flèche sur cette famille. Toutes les figures qui entrent dans la composition de ce morceau, sont à mi-corps. Vers le haut de la droite, tout près d'une tige d'arbre qui borde l'estampe de ce côté, la lettre L est placée au milieu des chiffres de l'année 1523.

Bien que cette pièce soit généralement regardée comme douteuse, elle trouve cependant toujours sa place dans les recueils des estampes de Lucas; et c'est pour cette seule raison que j'en ai fait mention dans ce catalogue. Car d'ailleurs on n'a qu'à l'examiner tant soit peu, pour se convaincre, qu'elle n'est sûrement pas gravée par Lucas lui-même. La touche du burin y est beaucoup trop seche, pour pouvoir l'attribuer à notre artiste qui en 1523 étoit précisément dans sa plus grande force. La part que Lucas pourroit avoir eu à cette estampe, seroit en tout cas le dessein qui est fort agréable, malgré le manque d'esprit qu'on observe dans les contours, et qui n'est que l'effet de la maladresse du graveur.

Largeur: 5 pouces. Hauteur: 3 pouces, 9 lignes.

TABLE
DES ESTAMPES
QUI COMPOSENT L'OEUVRE DE LUCAS DE LEYDE.

Pièces gravées ou en 1508, ou avant cette année.

Nro.
- *7 Le péché d'Adam et d'Eve.
- *17 Abraham renvoyant Agar.
- *24 La fille de Jephté allant au devant de son pere.
- *25 Dalila coupant les cheveux de Samson.
- *27 David jouant de la harpe devant Saul.
- *28 David priant Dieu de délivrer son peuple du fléau de la peste.
- *33 Les deux vieillards appercevant Susanne dans le bain.
- *38 Repos en Egypte.
- *41 La résurrection du Lazare.
- *82 La sainte Famille.
- *101 S. Luc.
- *105 S. Christophe.
- *112 S. Sebastien.
- *118 S. George.
- *120 S. Magdelaine dans le désert.

TABLE.

Nro.
123 Le moine Sergius tué par Mahomet.
*138 Quatre guerriers dans une forêt.
*140 Les gueux.
*142 Le Seigneur et la Dame.
*144 L'homme à la torche.
*146 Les pélerins.
*150 Le garçon avec la trompe.

1 5 0 9.

Nro.
56 Jésus Christ en prières à la montagne des olives.
57 La prise de Jésus Christ.
58 Jésus Christ devant le grand prêtre Anne.
59 Jésus Christ outragé dans le prétoire.
60 La flagellation.
61 Le couronnement d'épines.
62 Jésus Christ présenté au peuple.
63 Le portement de la croix.
64 Le crucifiement.
104 La conversion de S. Paul.
114 Tentation de S. Antoine.
*143 La Dame au bois.
151 La femme et la biche.

1 5 1 0.

Nro.
11 Adam et Eve fugitifs, après avoir été chassés du Paradis terrestre.
39 Le baptême de Jésus Christ.
68 Jésus Christ présenté au peuple.
*75 L'enfant prodigue de retour à la maison paternelle.
*137 Un enseigne.

TABLE.

Nro.
*139 Un jeune homme à la tête d'une troupe de gens armés.
152 La femme et le chien.
156 La laitière.
*166 Les armes de la ville de Leyde au milieu de quatre ronds.
*167 Deux rinceaux d'ornemens.

1 5 1 1.

Nro.
*83 Le Sauveur.
*84 S. Pierre.
*85 S. Paul.
*86 S. André.
*87 S. Jean l'évangeliste.
*88 S. Jacques majeur.
*89 S. Thomas.
*90 S. Judas Thaddé.
*91 S. Barthelemy.
*92 S. Philippe.
*93 S. Jacques mineur.
*94 S. Simon.
*95 S. Mathieu.
*96 S. Mathias.

1 5 1 2.

Nro.
19 Joseph racontant ses songes à Jacob en présence de ses freres.
20 Joseph et la femme de Putiphar.
21 La femme de Putiphar accusant Joseph.
*22 Joseph en prison expliquant les songes de deux officiers du Roi, prisonniers avec lui.

TABLE.

Nro.
*23 Joseph interpretant les songes de Pharaon.
*77 La S. Vierge debout sur un croissant dans une gloire.
*131 Lucrèce.

1 5 1 3.

Nro.
37 L'adoration des mages.
*15 Abraham et les trois Anges.
*65 Couronnement d'épines.
*67 Jésus Christ présenté au peuple.
*70 Des soldats faisant boire Jésus Christ avant de le crucifier.
107 S. Jean Baptiste dans le désert.
*108 La décollation de S. Jean Baptiste.
109 S. Jerôme.

1 5 1 4.

Nro.
*26 David victorieux de Goliath.
30 Salomon adorant les idoles.
*35 L'annonciation.
80 La S. Vierge avec l'enfant Jésus assise au pied d'un arbre.
*115 S. Dominique.
*117 S. François d'Assisse.
132 Pyrame et Thisbé.

1 5 1 5.

Nro.
32 Mardoché mené en triomphe.
69 Jésus Christ portant sa croix.

TABLE

1516.

Nro.
- 18 Abraham renvoyant Agar.
- 72 La Ste. Vierge et S. Jean au pied de la croix.
- 76 La Ste. Vierge avec l'enfant, accompagnée de Ste. Anne.
- 110 S. Jerôme.

1517.

- 71 Le calvaire.
- 73 L'homme de douleurs.
- 102 S. Pierre et S. Paul tenant le suaire.
- *116 S. Gérard Sagredius évêque et martyr.
- 168 Deux ronds.
- 169 Deux ronds.

1518.

Nro.
- 31 Esther devant Assuerus.
- 40 Jésus Christ tenté par le Démon.
- *78 La Ste. Vierge debout sur un croissant dans une niche.
- *97 S. Mathieu.
- 98 S. Marc.
- *99 S. Luc.
- 100 S. Jean.
- 121 Ste. Magdelaine debout sur des nuages.

1519.

Nro.
- 8 Le péché d'Adam et d'Eve.
- 66 Couronnement d'épines.

TABLE.

Nro.
 74 Jésus Christ apparoissant à Magdelaine sous la figure d'un jardinier.
119 La danse de la Magdelaine.
*164 Un écusson vuide.

1520.

Nro.
 12 Caïn tuant son frère Abel.
 29 David priant Dieu de délivrer son peuple du fléau de la peste.
 34 S. Joachim et S. Anne.
*36 La visitation.
122 Ste. Catherine.
141 La promenade.
145 Un homme et un femme assis dans une campagne.
*147 L'anneau nuptial.
148 Le fou.
157 L'espiegle.
170 Le portrait de l'Empereur Maximilien I.

1521.

Nro.
 42 La Cène.
 43 Jésus Christ à la montagne des olives.
 44 La prise de Jésus Christ.
 45 Jésus Christ devant le grand prêtre Anne.
 46 Jésus Christ outragé dans le prétoire.
 47 La flagellation.
 48 Le couronnement d'épines.
 49 Jésus Christ présenté au peuple.
 50 Portement de croix.
 51 Le crucifiement.

TABLE.

Nro.
 52 La descente de croix.
 53 La sépulture.
 54 La descente aux limbes.
 55 La résurrection.
*106 S. Christophe dans l'eau, avec l'enfant Jésus sur ses épaules.
 111 S. Jerôme.
*113 S. Antoine l'hermite.

1 5 2 2.

1 5 2 3.

Nro.
 79 La Ste. Vierge debout sur un croissant, dans une gloire.
 81 La Ste. Vierge avec l'enfant Jésus, assise dans un paysage.
 149 La vieille avec la grappe de raisin.
 155 L'opérateur.

1 5 2 4.

Nro.
 13 Caïn tuant son frère Abel.
 14 Lamech et Caïn.
 153 Les musiciens.
 154 Le chirurgien.

1 5 2 5.

Nro.
 133 Le poëte Virgile suspendu dans un panier.
 171 Portrait de Lucas de Leyde.
*172 Portrait d'un jeune homme.

TABLE

1526.

1527.

Nro.
103 S. Pierre et S. Paul.
158 Tête d'un guerrier.
159 Composition d'ornemens.
163 Les enfans guerriers.
165 Un écusson rempli par un mascaron.

1528.

Nro.
135 Vénus et l'Amour.
160 Composition d'ornemens.
162 Panneau d'ornemens.

1529.

Nro.
1 Eve créée pendant le sommeil d'Adam.
2 Dieu défend à Adam et Eve, de toucher au fruit de l'arbre de vie.
3 Eve séduite par le serpent persuade à Adam de manger du fruit défendu.
4 Adam et Eve chassés du paradis par un Ange.
5 Caïn tuant son frère Abel.
6 Adam et Eve pleurant la mort d'Abel.
9 Le péché d'Adam et d'Eve.
*161 Deux rinceaux sur une planche.

1530.

Nro.
*10 Le péché d'Adam et d'Eve.

TABLE.

Nro.
- 16 Loth enivré par ses filles.
- *124 La Foi.
- *125 L'Espérance.
- *126 La Charité.
- 127 La Prudence.
- 128 La Justice.
- *129 La Force.
- *130 La Temperance.
- 134 Vénus et Mars.
- 136 Pallas.

TABLE.

1526.

1527.

Nro.
103 S. Pierre et S. Paul.
158 Tête d'un guerrier.
159 Composition d'ornemens.
163 Les enfans guerriers.
165 Un écusson rempli par un mascaron.

1528.

Nro.
135 Vénus et l'Amour.
160 Composition d'ornemens.
162 Panneau d'ornemens.

1529.

Nro.
1 Eve créée pendant le sommeil d'Adam.
2 Dieu défend à Adam et Eve, de toucher au fruit de l'arbre de vie.
3 Eve séduite par le serpent persuade à Adam de manger du fruit défendu.
4 Adam et Eve chassés du paradis par un Ange.
5 Caïn tuant son frère Abel.
6 Adam et Eve pleurant la mort d'Abel.
9 Le péché d'Adam et d'Eve.
*161 Deux rinceaux sur une planche.

1530.

Nro.
*10 Le péché d'Adam et d'Eve.

TABLE.

Nro.
    16 Loth enivré par ses filles.
 *124 La Foi.
 *125 L'Espérance.
 *126 La Charité.
  127 La Prudence.
  128 La Justice.
 *129 La Force.
 *130 La Temperance.
  134 Vénus et Mars.
  136 Pallas.

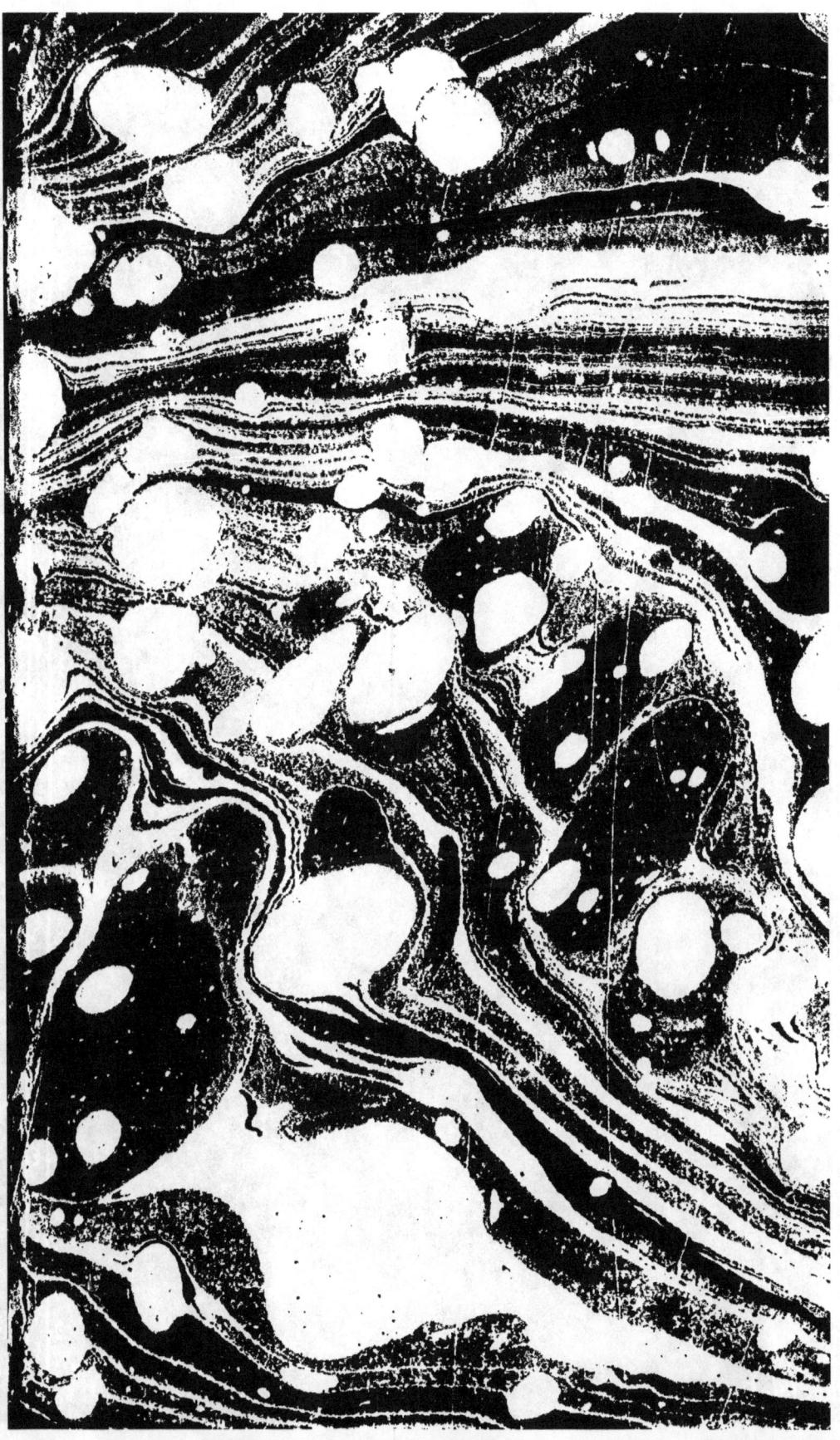

www.ingramcontent.com/pod-product-compliance
Lightning Source LLC
Chambersburg PA
CBHW070743170426
43200CB00007B/625